MAURICE TALMEYR

Souvenirs
de
Journalisme

LIBRAIRIE PLON

SOUVENIRS
DE
JOURNALISME

L'auteur et les éditeurs déclarent réserver leurs droits de reproduction et de traduction en France et dans tous les pays étrangers, y compris la Suède et la Norvège.

Ce volume a été déposé au ministère de l'Intérieur (section de la librairie) en mai 1900.

DU MÊME AUTEUR, A LA MÊME LIBRAIRIE :

Sur le banc. Impressions et portraits d'audience (2ᵉ série). Couverture par RENOUARD. Un volume in-18..... 3 fr. 50
Sur le banc. Impressions et portraits d'audience (3ᵉ série). Couverture par J.-L. FORAIN. Un volume in-18. 3 fr. 50
Les Possédés de la morphine. Un vol. in-18. 3 fr. 50
Entre mufles. Comédie en 5 actes. Un vol. in-18. 3 fr. 50

MAURICE TALMEYR

SOUVENIRS
DE
JOURNALISME

PARIS
LIBRAIRIE PLON
PLON-NOURRIT ET Cⁱᵉ, IMPRIMEURS-ÉDITEURS
8, RUE GARANCIÈRE
—
1900

L'auteur et les éditeurs déclarent réserver leurs droits de reproduction et de traduction en France et dans tous les pays étrangers, y compris la Suède et la Norvège.

Ce volume a été déposé au ministère de l'Intérieur (section de la librairie) en mai 1900.

DU MÊME AUTEUR, A LA MÊME LIBRAIRIE :

Sur le banc. Impressions et portraits d'audience (2ᵉ série). Couverture par RENOUARD. Un volume in-18..... 3 fr. 50
Sur le banc. Impressions et portraits d'audience (3ᵉ série). Couverture par J.-L. FORAIN. Un volume in-18. 3 fr. 50
Les Possédés de la morphine. Un vol. in-18. 3 fr. 50
Entre mufles. Comédie en 5 actes. Un vol. in-18. 2 fr. 50

PARIS, TYP. PLON-NOURRIT ET Cⁱᵉ, 8, RUE GARANCIÈRE. — 1186.

MAURICE TALMEYR

SOUVENIRS
DE
JOURNALISME

PARIS

LIBRAIRIE PLON

PLON-NOURRIT ET Cie, IMPRIMEURS-ÉDITEURS

8, RUE GARANCIÈRE

1900

SOUVENIRS
DE
JOURNALISME

Quel livre on ferait sur la Presse !...

C'est ce que chacun pense depuis longtemps, et ce livre, cependant, on ne le fait pas. On a bien excursionné dans la Presse, et Balzac, avec son génie, les Goncourt, avec leur sensitivité perçante, nous en ont montré certains côtés. Mais le livre même de la Presse, sa comédie intense, complète, telle que nous la voyons se jouer, qui nous les donnera dans leur bloc et leur intégralité? Personne, probablement, et pour quelques raisons, dont la première, et la meilleure, est que pas un éditeur ne se risquerait, on peut le croire, à publier ce livre-là.

Un roman sur la Presse?... Il resterait sans portée. Tous les romans mondains ont déjà quelque chose de mort et de glacé auprès de la réalité mondaine, car rien n'est difficile à bien « romaniser » comme ce que les lecteurs connaissent bien, et les romans mondains ne s'adressent, précisément qu'à des lecteurs connaissant le « monde », et le connaissant bien. N'en serait-il pas de même d'un roman sur la Presse? Et quelle gêne n'éprouverions-nous pas, à chaque page, en comparant les personnages réels aux personnages fictifs, les faits authentiques aux faits dénaturés! Quelle désillusion! Quelle impression d'enfantillage!

Un livre où l'on rejetterait tout artifice romanesque, où l'on montrerait les gens avec leur vrai visage, et se livrant à leur véritable besogne?... Pourrait-on sérieusement l'oser? Serait-ce possible, et consentirait-on même à croire à ce qu'il révèlerait?

Ou bien donc on ferait un roman, et toute fiction quelconque, si près qu'elle fût de la réalité, semblerait nécessairement froide à côté d'elle. Ou bien on montrerait la vérité toute nue, la Presse démaquillée, déshabillée, et voudrait-on la regarder?

Vaut-il mieux, dès lors, ne rien dire, là où il est aussi délicat de parler?... Ce serait le plus simple, mais peut-être aussi par trop simple. Laissons donc de côté, d'abord, l'ambition et la prétention de faire *un livre*, ce livre impossible et périlleux. Ensuite, tâchons seulement de nous souvenir, choisissons bien nos souvenirs, et même dans ce cadre réduit, à cette lumière mesurée, nous pourrons encore voir assez de choses et assez de gens.

PREMIERS SOUVENIRS

L'un des journaux les plus lointains où je me revois, entre cinq et sept heures du soir, allant remettre « ma copie », est *la Tribune*, journal radical, fondé et dirigé par F.-X. Trébois.

Les bureaux se trouvaient rue du Croissant, et *la Tribune* occupait là, dans l'usine à journaux de l'ancien Hôtel Colbert, un local fort honorable, celui-là même où avaient pontifié *le Siècle* et *la République française*. F.-X. Trébois était un républicain de nuance vive, mais cependant poli, maigre et sec, aimable et froid, avec les qualités des hommes froids et secs. Il avait un journal très bien monté, rédigé avec beaucoup de vie, et dont il payait même la rédaction, chose qui tenait alors du miracle, pour un journal radical.

La Tribune, d'ailleurs, ne me rappelle rien de pénible, et me laisse purement le souvenir d'une feuille alerte et bien faite. Paul Arène y donnait de ces savoureuses chroniques parisiennes où il vous faisait déguster toutes les herbes du Midi, un peu comme dans ces bouillabaisses qui arrivent en boîtes de Marseille, et qu'on mange boulevard Saint-Michel. Richepin y rendait compte des séances de la Chambre dans une note de blague transcendante, avec un pittoresque et un *brio* supérieurs. Tous les jours, vers cinq heures, un monsieur en cheveux demi-longs, le tuyau de poêle sur l'oreille, le nez rouge et les yeux clairs, arrivait, invariablement, avec un éternel paletot noisette sur le bras, et un éternel coryza : c'était Drack, auteur d'une série de « lettres » à succès, signées *Panurge*. Un autre, l'air triste et doux, blond jusqu'aux cils, avec une longue moustache pâle dont la mélancolie avait quelque chose de polonais, rédigeait l'article de fond : c'était Gellion-Danglars, ancien universitaire et ancien préfet de Gambetta. Il y avait, enfin, la rédaction socialiste, mais elle parlait peu à l'autre, se terrait dans son bureau, et ne comptait que deux rédacteurs : un certain Chabert, vieil ouvrier à barbiche et à lunettes, avec une figure chafouine et des cheveux de prêtre, et un jeune homme nommé Pauliat, très intelligent, et qui est devenu sénateur. Chabert avait une veste de toile fripée qui lui donnait l'air d'un serrurier en train de poser des sonnettes dans la maison, et passait dans la salle de rédaction sans regarder personne. Pauliat, lui, avait la correction étudiée d'un jeune chef de bureau, et s'excusait en souriant quand il dérangeait quelqu'un. Tout ce monde allait et venait, arrivait, s'en retournait, en se mêlant ou sans se mêler, et le secrétaire de la rédaction, Philibert, recevait et classait la « copie » de chacun. Philibert était un garçon énergique et bon enfant, très brun, avec des lunettes, le crayon bleu toujours à la main, numérotant des dépêches, corrigeant des épreuves, et secouant sa pipe dessus pour sécher les corrections. Il composait aussi, quand il en avait le temps, des ïambes d'une torrentueuse éloquence anti-cléricale, les apportait au journal, et se mettait en manches de chemise pour les lire.

Il y avait encore Gabriel Guillemot, bon enfant aussi dans son genre, mais jacobin fanatique, et affligé, avec cela, d'une chorée atroce, sans qu'il fût possible de dire si son jacobinisme lui avait donné sa danse de Saint-Guy, ou si sa danse de Saint-Guy lui venait de son jacobinisme. Il pouvait avoir une quarantaine d'années, sautelait douloureusement sur deux cannes, et rissolait, du matin au soir, dans son frénétisme politique, tout en gigotant, physiquement, comme à des secousses électriques. On aurait dit qu'il avait au bout des membres des ficelles que tirait quelqu'un. Il brandissait tout à coup le poing sans raison, tendait la jambe, se mordait un doigt en agitant le coude, et poussait des petits cris stridents: hi! hi! hi! hi!...

— Tenez, disait-il ensuite à Philibert, voilà ma *Petite Guerre*...

Il s'interrompait, en même temps, pour menacer la lampe d'un geste terrible, ses yeux se retournaient, ses dents grinçaient, puis il continuait, en reprenant sa physionomie naturelle :

— J'y traîne dans la boue tous les partisans du Sénat!...

Cette *Petite Guerre* était sa rubrique, et il y faisait, en réalité, beaucoup plus la guerre que la petite guerre, tant il y malmenait les gens pour de bon. Il avait une verve à lui, cinglante, sifflante, une espèce de drôlerie crissante et furieuse qui déchiquetait, avec une joie d'oiseau, tout ce qui était roi, empereur, soldat, prêtre ou religieuse.

— Tous ces gens-là, vous disait-il, quand on parlait devant lui des généraux ou des colonels qui avaient pris part au coup d'état du Deux-Décembre...

Et il avait là une petite crise, se mordait la main, la secouait avec une grimace, puis, d'un air de gaieté maladive :

— Je les alignerais tous sur le boulevard enfoncés jusqu'au cou dans des tonneaux...

Là, une seconde crise, des grincements, des

spasmes, des cris, puis, avec une hilarité hagarde :

— Et je ferais venir tout Paris pour leur cracher à la figure !

Alors, il était content, et soupirait des « Ah ! » de satisfaction, tout reposé par ces éructations forcenées. Elles étaient « son genre », et le public républicain s'en délectait. C'était lui qui avait trouvé tous ces mots ricanants et satiriques de *badingouins*, de *badingueusards*, de *cléricanaille*, de *vaticancanards*, qu'on jetait aux malheureux conservateurs comme des cailloux sales. C'était encore lui qui avait imprimé ce mot atroce, sur les statues expiatoires qu'on voulait élever à Louis XVI et à Marie-Antoinette :

— Je vote pour des statues *sans tête* !

Et, malgré tout, si contradictoire et si bizarre que cela puisse paraître, pas méchant, et même honnête et bon camarade, mais enragé, hors du sens commun, possédé comme par un fanatisme physique, tiré par ses épouvantables ficelles, et toujours entre deux douches, avec son frissonnement d'épileptique, ses dents qui claquaient, son rictus, ses lèvres blanches, et ses cheveux collés en mèches constamment mouillées, à la suite de ses perpétuelles séances d'hydrothérapie.

— Bonsoir, Guillemot, lui disait le secrétaire de la rédaction en le voyant clopiner sur ses deux cannes... Vous nous apportez votre copie?

Il commençait alors par crisser, brandissait ses bâtons, et poussait sa petite stridulation :

— Hi! hi! hi!

Puis, il souriait, et tirait de sa poche un article *gai*, où il mettait les généraux dans des tonneaux, ou reguillotinait Louis XVI.

Et X......?...

Solide, une petite panse de rond-de-cuir, une moustache de sous-officier, un bout de barbiche, et des pommettes fleuries. Toujours en veston, en melon et en gilet clair, il tenait à la fois du campagnard et du gendarme en congé. Sous cette rondeur champêtre, cependant, il y avait un fonds de malice, et comme une petite pointe narquoise dans le coin de l'œil et l'inflexion de la moustache. Il faisait du reportage, mais on lui prenait aussi des petits contes, et ces petits contes, bons ou mauvais, contenaient déjà, par avance, toutes les contorsions et toutes les perversions des écoles excentriques et décadentes. Sa prose, dans le reportage, coulait simple et clairette, comme une bonne prose de reporter, mais devenait, dans le « petit conte », un entortillement de catachrèses qui exaspérait les bourgeois, et Guillemot, qui en était un, comme tout vrai jacobin, en brandissait ses béquilles d'indignation, en grinçait des dents, en roulait des yeux blancs. Les « petits contes » de X...... lui donnaient des crises.

— Ah! râlait-il, exaspéré, en voilà un qui aurait besoin...

Là, une grimace furieuse.

— ... de passer une année à ne lire que du Voltaire, et rien que du Voltaire, et encore du Voltaire, le Voltaire de *Candide*, de *l'Homme aux Quarante écus*..., de...

Un gigotement général. Puis, dans un soulagement :

— ... de *la Correspondance !*

Rien ne met les reporters en route comme les démêlés entre collaborateurs qui se disputent l'idée d'une pièce ou d'un livre. Il se débite toujours beaucoup de « copie » là-dessus. Ces bagarres littéraires font la joie des badauds, comme toutes les autres bagarres, et il s'en produisit une à ce moment-là. Alphonse Daudet avait fait une pièce en collaboration, et son collaborateur, la collaboration consommée, s'était mis à l'attaquer dans les journaux. Quel était le sujet de l'attaque ? Quel était même le collaborateur ? Je ne me le rappelle plus... Mais X......, un jour, était allé prendre un reportage sur l'affaire, et se trouvait tout fébrile en revenant d'information. Il s'installa sans rien dire à une table, s'épongea, prit du papier, et se mit à écrire en fredonnant.

— Tu as vu Daudet ? lui demanda alors quelqu'un.

— Non, répondit-il du coin de la bouche.

— Tu as des renseignements?
— Oui.
— Tu vas faire un article?
— Oui.

Il écrivait toujours. On parla d'autre chose. Puis, on lui demanda de nouveau, pendant qu'il continuait à noircir ses feuillets :

— En somme, là dedans, qui est-ce qui a raison?
— Qui est-ce qui a raison?
— Oui.
— Mais c'est Daudet, parbleu, qui a raison!
— Alors, tu éreintes ce pauvre Machin?
— Ah! non.
— Tu n'éreintes pas Machin?
— Ah non!... Non!...
— Mais, alors, qui éreintes-tu?
— Qui j'éreinte?...
— Oui.
— Mais Daudet, parbleu!
— Comment, Daudet?
— Mais parfaitement, Daudet!
— Mais c'est idiot!

— Comment, idiot ?...

On n'imaginera jamais la face d'envie noire qu'était devenue, à ce moment-là, la bonne figure de pêcheur à la ligne du joyeux X......, les jets de vitriol qui lui partaient des yeux, et l'effrayant coup de poing qu'il asséna sur la table. Il était livide, et cria d'une voix dont vibrèrent les carreaux :

— Je l'éreinte, *parce qu'il est arrivé!*

Ce sont là de ces cris du cœur qui s'entendent fréquemment dans les journaux, et personne, au bout d'un quart d'heure, ne se rappelait même plus celui du gros X...... Il achevait son reportage, « éreintait » Daudet de pied en cap, et il avait recommencé à nous réjouir, comme d'habitude, par sa saine physionomie de campagnard, quand un journal, un matin, publia sur lui un dossier terrible... Le joyeux X...... était de la police! L'encre de la place Beauvau coulait dans ses métaphores! Sa petite bedaine et ses gilets clairs représentaient le ministère de l'Intérieur! Il surveillait F.-X. Trébois pour le compte du Gouvernement!

Qu'est devenu ce précurseur oublié de
« l'écriture artiste »? C'est ce que la Sûreté
générale est sans doute seule à savoir, et le
gros X......, d'ailleurs, disparut instantanément
du journalisme, le jour même de la publication
de son dossier. On l'exécuta dans toutes les
rédactions avec une férocité sauvage, comme
s'il avait eu du talent, et Gabriel Guillemot
haletait le soir dans les bureaux de *la Tribune*,
en trépignant de joie sur ses bâtons :

— C'était un mouchard !... Un mouchard !...
Un mouchard !... Nous ne lirons plus ses sales
contes !... Il était de la Préfecture !

« L'HOMME LIBRE »

A peu près à la même époque, Louis Blanc avait fondé *l'Homme libre*, et tous ceux qui l'ont vu à ce moment-là se rappellent ce tout petit homme glabre, courtois, vieillot, compassé, ingénu, bien élevé, ratatiné, et dont les yeux avaient gardé, sous ses cheveux plats encore noirs, dans sa petite figure marmottante, une étonnante flamme, noire aussi. Il était d'une honnêteté antique, et douloureusement comique dans le monde où ses opinions le condamnaient à vivre. D'une excessive bonté d'âme, il n'osait jamais vous dire non, mais n'osait pas non plus vous dire oui, par scrupule, et se trouvait ainsi perpétuellement ballotté dans une indécision où la préciosité de sa petite voix finissait par avoir un fond d'angoisse, tout en dégustant toujours méticuleusement les mots.

La fondation de *l'Homme libre* avait déjà été pour lui un supplice. Il s'y était cependant résigné, par l'espèce d'affection mélancolique qu'il portait à son entourage. Mais ce fut bien autre chose, une fois le journal paru, les guichets ouverts, et les bureaux envahis par la foule des rédacteurs, des poètes, des courtiers, des politiciens et des gens d'affaires! Ce fut alors, pour le pauvre petit grand homme, un enfer de tribulations.

— Voyons, mes amis, voyons, avait-il dit doucement dès le premier jour, à ses collaboborateurs, nous sommes des socialistes, des démocrates, des amis du Peuple, nous ne devons pas avoir de bulletin financier!

—Mais, mon cher maître, lui avaient alors répondu ses amis, — dont le socialisme ne s'alarmait plus à l'idée d'un bulletin financier, dès l'instant qu'il était question pour eux d'en avoir un, — c'est qu'un bulletin financier...

— Eh bien, quoi?

— C'est qu'un bulletin financier rapporte !

— Rapporte ?... Comment, rapporte ?... Mais nous ne faisons peut-être pas un journal pour... Rapporte !... Rapporte !... Oh ! c'est trop fort !...

On avait ensuite passé aux annonces, et, là encore, il s'était rembruni.

— Mais ces annonces, mon cher ami, avait-il demandé à l'administrateur, qui était un homme du Midi et qui avait une chevelure de ténor, dites-moi donc un peu, ces annonces... me répondez-vous de leur moralité ?

— Alors, lui avait répondu l'administrateur, si vous ne voulez pas d'annonces, mon cher maître, il n'y a plus de journal possible, car il faudrait le vendre au moins six sous ! Pas un ouvrier ne l'achèterait à cause du prix, pas un bourgeois ne l'achèterait non plus à cause de sa couleur, et vous n'auriez pas un lecteur !

C'était d'une logique si péremptoire qu'il avait bien fallu, en effet, ou renoncer à tout journal, ou passer par les annonces, et l'on avait fini par y passer, mais l'excellent Louis Blanc ne s'en était pas consolé. Il en avait gardé comme la conscience d'une diminution, presque d'une honte, et, chaque soir, en revoyant l'épreuve de « la quatre », sa figure se rassombrissait.

— Mais enfin, mon cher ami, disait-il au secrétaire de la rédaction avec sa prononciation soignée et ses expressions proprettes, je vois là des adresses de banques, de prêteurs sur gages, de spécialités pharmaceutiques... Je ne veux certes pas révoquer en doute l'honorabilité de ces maisons, mais les connaissez-vous ?... Avons-nous qualité pour les recommander ?

— Mais nous ne pouvons pas toucher à cette page, mon cher maître, lui répondait le secrétaire, elle est affermée !

— Affermée, mon ami, affermée, oui, sans doute, je sais bien qu'elle est affermée, et je ne voudrais pas non plus empiéter sur autrui en violant un domaine qui ne serait pas le mien... Mais il faut cependant aussi observer certaines limites, et nous finirons, sous prétexte de ferme, par recommander, par recommander...

par recommander des matrones !... Et cette somnambule ?... Quelle est cette personne-là ?... Et devons-nous aussi, je vous le demande, nous faire les intermédiaires des agences matrimoniales ?... Est-ce que nous pouvons ignorer ce que sont, malheureusement, ces sortes d'industries ?... Et regardez... là encore... Tenez... Que peuvent bien être, je vous prie, ces « photographies captivantes » ?... Écoutez, mon cher ami, j'en arrive à patronner véritablement des choses...

Et il se sentait compromis. Tout en étant un peu d'un autre âge, il était au fond très fin, et se rendait parfaitement compte du bas milieu où il se trouvait fourvoyé. Il était fait pour une académie, se sentait dans une boutique, et il en souffrait beaucoup. On lui voyait toujours une grimace amère, une tristesse dans la figure, et il ne s'habituait pas davantage aux violences de mots, qui étaient malheureusement l'ordinaire de son parti. Les plus petites audaces, les plus anodines fantaisies de langage ou de littérature l'inquiétaient. L'ombre d'un substantif un peu coloré l'effrayait, la moindre épithète un peu vive le désolait.

— Voyons, mon cher ami, me dit-il un soir paternellement avec cet air de détresse douce dont la continuité finissait par le rendre encore plus vieux qu'il n'était, j'ai là une chronique de vous sur un combat de rats et de chiens dans un sous-sol... Est-il bien possible que ces choses-là se passent encore en France, sous un gouvernement républicain, et avez-vous bien mesuré toute la barbarie de votre récit?... Et vous ne protestez même pas! Vous vous bornez à décrire!... Et l'humanité, mon cher enfant, l'humanité!...

Et tout cela était dit avec tant de bienveillance, de sincérité, une telle crainte de me contrister, que j'en étais touché. Je me demandais presque, en l'écoutant, si je n'étais pas effectivement un sauvage, et je lui répondais timidement, tout en essayant de sauver mes rats :

— Oh! mon Dieu, mon cher maître, protester, protester... Oui, peut-être... On pourrait peut-être ajouter un mot...

— Un mot, un mot?... Comment, un mot!... Mais au moins quelques lignes, mon cher ami, une vingtaine ou une trentaine de lignes, et cela vaudrait même une page, une page indignée!... Et vous pourriez même rappeler ici ce qui se passa sous l'Empire, à l'occasion des courses de taureaux que le gouvernement impérial avait voulu tenter d'acclimater chez nous, l'indignation du pays, la France tout entière dressée comme un seul homme...

Qu'allaient devenir mes rats dans cette page de style noble que le bon Louis Blanc voulait bien m'inspirer? J'en tremblais. Il leur fit cependant les honneurs de l'impression, afin de ne pas me chagriner, mais ce fut dur! Mes rats l'épouvantaient et le scandalisaient, presque autant que les somnambules et les photographies captivantes.

Nous avions, dans la maison, un poète Pyrénéen, Raoul Lafagette, l'auteur des *Aurores*, et Lafagette aimait et vénérait Louis Blanc, mais n'en était pas moins devenu un de ses cauchemars. Il s'entendait admirablement à le contrefaire, à imiter sa voix, et d'une façon si saisissante que tout le monde s'y laissait prendre. C'était le même ton précieux de sagesse sermonneuse, la même petite manière saccadée de prononcer lentement sa phrase en n'y laissant tomber que des mots choisis et reléchés, la même mimique grave de petit vieillard marmottant. C'était stupéfiant de réalité.

— Lafagette, fais-nous Louis Blanc...

Et Lafagette nous « faisait Louis Blanc », et ne demandait même qu'à le « faire ». Immédiatement, et de cette petite voix légendaire qu'on se figurait toujours entendre même quand on ne l'entendait plus, il entamait une jérémiade sur la « dissolution des *mœur* », les « vices de la *Cons-ti-tu-tion* », ou n'importe quel thème habituel au grand homme, et les têtes, aussitôt, se montraient aux portes. Chacun croyait Louis Blanc là, arrivait pour lui parler, et Louis Blanc lui-même, un jour, s'était ainsi entendu radoter avec sa propre voix, sur un de ses propres « dadas », au milieu des fous rires. Il ne s'en était pas plaint, mais s'en était attristé.

— Comment! avait-il paru penser… Dans ma propre maison, chez moi, mes amis même me bafouent!

Et, tout en aimant encore Lafagette, il n'avait plus autant aimé le voir, ni entendre trop rire ses rédacteurs. Il s'imaginait toujours, quand on riait, qu'on devait rire des *mœur* ou de la *cons-ti-tu-tion*, et croyait s'entendre lui-même sermonner et se lamenter.

En somme, *l'Homme Libre* était son supplice, et tout, d'ailleurs, le blessait et l'écœurait de plus en plus dans la maison. Le journal ne se vendait pas, le désordre le plus extraordinaire régnait dans l'administration, l'administrateur s'en prenait la tête à deux mains comme pour s'arracher sa chevelure de ténor, et une histoire d'un ridicule atroce finit par couronner le tout.

Personne ne savait aussi mal défendre sa porte que le pauvre Louis Blanc. La terreur des hommes connus est généralement d'être importuné, mais sa terreur, à lui, était de rebuter les importuns, et les importunés le dévoraient. Quelque temps après la fondation du journal, il avait perdu Mme Louis Blanc, et, le jour même des obsèques, un bas-bleu socialiste, une femme terrible qui avait de la barbe, et d'une taille de grenadier, s'était emparée de lui d'autorité. Elle était venue dès le matin à la maison mortuaire, s'y était mise à sangloter comme si elle avait été de la famille, et le malheureux Louis Blanc, à partir de ce jour-là, n'avait jamais pu se débarrasser de cette effrayante coreligionnaire ! Elle le suivait partout, larmoyant toujours, avec sa carrure de femme colosse, et sa grande figure à poils. Elle allait le relancer chez lui, à la Chambre, dans les banquets, chez les amis où il dînait, lui aidait à mettre son paletot, veillait à ce qu'il n'oubliât pas son foulard, l'accompagnait dans la rue, et le préservait des voitures. On ne le rencontrait plus qu'avec sa géante ; elle ne le quittait plus d'une semelle, ou ne le lâchait un instant que pour le rattraper ensuite. On voyait tout à coup apparaître, au journal, une visiteuse monumentale qu'on était d'abord tenté de prendre pour la « belle Milanaise » ou la « belle Bruxelloise... », mais c'était elle, toute soufflante d'avoir monté, et demandant d'une voix mouillée :

— M. Louis Blanc est-il là ?
— Oui, répondait le garçon.
— On peut entrer ?
— Oui.

Et le garçon introduisait le monstre. Ou bien il fallait attendre, et elle modulait dans ses mentons :

— J'attendrai.

— C'est prodigieux ! se disait-on... Comment Louis Blanc peut-il s'affubler d'un pareil cyclope ?

Il ne s'en affublait pas, le pauvre homme, n'avait aucune raison de s'en affubler, et se désespérait même d'en être affublé, mais était simplement trop bon, et se livrait à qui voulait le prendre. Il sentait fort bien tout le grotesque de son cyclope, mais éprouvait d'autant plus de bonté et de pitié pour lui qu'il le sentait plus grotesque. Quand il arrivait à *l'Homme libre*, et qu'il y retombait au milieu des criailleries, des querelles, des réclamations, de toutes les cuisines de presse qui s'y faisaient, il avait déjà l'air malheureux, mais si on lui annonçait le colosse, c'était la détresse du martyre qui se lisait sur sa figure, et comme un effroi muet, comme un cri de physionomie qui vous appelait au secours et vous suppliait de le sauver. A quoi, naturellement, la géante ne s'en croyait que plus obligée de le plaindre, s'humectait l'œil en conséquence, et reparaissait toujours avec cette barbe de condoléance qui éternisait l'enterrement. Elle finit même par l'accaparer tout à fait, et ne voulut plus permettre à personne de le voir. Elle prétendait qu'on lui ennuyait son grand homme, qu'on lui faisait perdre son temps, qu'il se laissait envahir, et elle le barricadait chez lui.

— Comment va M. Louis Blanc? lui demandait-on.

— Mais bien... bien... *je vous remercie...* Mais vous ne venez pas pour le voir?

— Mais si!

— C'est que je ne sais pas si c'est possible...

— Mais il m'a donné rendez-vous!

— Ah!... il vous a écrit?... Alors, attendez, je vais m'informer... C'est que si je n'étais pas là, voyez-vous... *Sans moi, il serait assailli!*

Un jour, le bon Louis Blanc cessa de venir au journal. Les coreligionnaires et les solliciteurs défilaient bien toujours dans l'antichambre, mais sans le trouver.

— Peut-on parler à M. Louis Blanc?

Mais le garçon répondait:

— M. Louis Blanc n'est pas là.

— Le citoyen Louis Blanc? demandaient à leur tour les socialistes.

Mais on leur répondait aussi:

— Le citoyen Louis Blanc n'y est pas.

Et la femme à barbe elle-même ne parvenait plus à le trouver. Elle entrait en soufflant, roulait des yeux terribles, s'informait, questionnait, mais on lui disait comme à tout le monde :

— M. Louis Blanc, Madame, n'est pas là.

— C'est que je suis déjà venue hier et avant-hier.

— Eh ! bien, oui, Madame, oui, nous le savons, mais M. Louis Blanc ne vient plus.

— Est-ce qu'il ne doit pas venir aujourd'hui ?

— Mais non, Madame.

— Est-ce qu'il ne viendra pas demain ?

— Mais non, Madame, mais non... On vous le répète, M. Louis Blanc ne vient plus !

Et c'était vrai, il ne venait plus. On entendait bien encore sa petite voix parler des « vices de la *Cons-ti-tu-tion* » et du « déplorable état des *mœur* », mais ce n'était pas lui, c'était Lafagette, et le vrai Louis Blanc n'y était plus. Il avait fui, et il y avait de quoi ! La désorganisation avait tourné à la bagarre, les créanciers exaspérés envahissaient l'antichambre, cognaient les portes, tapaient des pieds, ricanaient aux guichets, et la chevelure de l'administrateur s'agitait, dans tout cela, comme une voilure dans une tempête, au milieu d'émeutes de camelots et de marchands de papier. On comprenait que l'auteur de l'*Histoire de dix ans* se fût décidé à quitter cette pétaudière, et le journal, un matin, disparut aussi. C'était fini, il n'y avait plus d'*Homme libre*, ou l'homme libre, plutôt, c'était Louis Blanc. Courtiers, fermiers, annonciers, il allait enfin pouvoir ignorer tous ces gens-là, goûter la paix, connaître le repos, et ne plus s'entendre appeler « cher maître » que dans le cercle de ses « amis »...

Hélas ! il n'était pas encore au bout, et un an s'était à peine écoulé que ses « amis » retentaient encore la fondation d'une autre feuille, revenaient trouver le « cher maître », et essayaient de le remettre dans l'affaire. Le « cher maître », seulement, ne s'y laissa pas remettre, promit sa collaboration, accorda même une lettre de bienvenue pour le premier numéro, mais s'en tint là, repoussa toute direction, toute ingérence, toute influence, toute solidarité, et défendit, cette fois, à ses admiratours, de le reclouer en croix par admiration. Ils firent bien alors un peu la grimace, mais ne se démontèrent pas pour si peu. Quand le général manque, dans l'armée démocratique, on le remplace par les caporaux, et *le Réveil social*, autrement dit un second *Homme libre*, et plus libre même encore que le premier, se trouva bientôt sur pied. On racola des bailleurs de fonds, on battit le rappel des rédacteurs, chroniqueurs, critiques, reporters, littérateurs, et tous, commanditaires, actionnaires, collaborateurs, amis, frères, et amis de frères et amis, se réunissaient, un soir, dans les bureaux de la nouvelle feuille.

Que se passa-t-il exactement dans cette réunion, qui se qualifiait de « générale » ? Il ne m'en reste plus que le souvenir très vague d'une soirée étrangement bigarrée, dans un petit local bas, où le surchauffement du gaz vous donnait très soif, et où le garçon du café voisin ne cessait de monter des *moss*. Il y avait là des petits jeunes gens, des vieilles barbes, de futurs « intellectuels », des faiseurs d'émeutes, des faiseurs tout court, des têtes patibulaires, même des honnêtes gens, et, au milieu de toutes ces figures, deux personnages singuliers, autour desquels on faisait cercle, et qui étaient deux bailleurs de fonds. L'un était un sourd l'autre un Turc, et je les vois encore tous les deux, le sourd très vieux, et le Turc en gilet blanc.

Le sourd n'entendait absolument rien, tenait à son oreille une sorte de pipe, et son secrétaire lui parlait dans cette pipe comme on parle aujourd'hui dans le téléphone. Le Turc, de son côté, n'entendait pas non plus, mais parce qu'il ne comprenait pas, et se faisait expliquer les conversations par un interprète. Ils étaient là, tous les deux, chacun sur une chaise, entourés de groupes, le sourd avec sa figure qui ressemblait à une pendule arrêtée, le Turc nasillant du bout des dents, et l'un et l'autre, évidemment, attendaient anxieusement Louis Blanc.

— Est-ce que Louis Blanc n'est pas là? questionnaient les arrivants.

— Mais il va venir, disaient les uns.

— Mais non, disaient les autres.

— Mais si... mais si...

— Mais non...

— Mais si...

Et le secrétaire du sourd, pendant ce temps-là, cornait dans la pipe de son patron :

— Il n'est pas là !

Et l'interprète, en même temps, nasillait on ne sait quoi dans l'oreille du Turc, qui nasillait à son tour...

Puis, la porte s'ouvrait, le garçon de café entrait avec un *moss* à bout de bras, et tout le monde se levait, se bousculait, tournait la tête... On croyait que c'était Louis Blanc...

Vint-il ?... Ne vint-il pas ?... Je ne le sais plus, mais je crois bien qu'il ne vint pas, et, cinq ou six mois plus tard — c'était, je m'en souviens, en plein été — je le rencontrais un jour au restaurant, où il déjeunait avec un ami.

— Alors, lui dis-je, mon cher maître, vous êtes un partisan de Paris l'été ?

— Eh! bien, mon cher ami, me répondait-il avec sa petite voix méticuleuse, oui, c'est vrai, oui, j'aime Paris l'été, et je le goûte, en effet, surtout en cette saison. Je vais bien quelquefois à la campagne, mais, à la campagne même, ce que je préfère, je l'avoue, c'est encore, et toujours, ce qui nous y distrait de la nature, c'est d'y sentir la main de l'homme...

— La main de l'*Homme libre ?*

Il partait alors d'un éclat de rire, et s'écriait, en regardant son ami :

— Oh! non,... Pas de celui-là !

FEMME DE JOURNALISTE

Lorsque j'allais à l'*X*..., entre cinq et six heures, j'y voyais souvent, dans l'antichambre, une jeune femme de pauvre mise, qui attendait sur une chaise avec un air malheureux. Elle faisait des pauses interminables. On entrait? Elle était là. On ressortait au bout d'une heure? Elle était encore là. Quelquefois, elle se levait pour aller parler au caissier, ou bien écoutait patiemment le garçon de bureau, un intarissable bavard, dont elle subissait les histoires avec une figure résignée.

Un excentrique, ce garçon! Il avait perdu une main au siège de Saint-Quentin, et portait toujours, dans sa poche, une vieille photographie d'Anatole de la Forge, usée jusqu'au carton, dont il vous montrait fièrement la dédicace :

Au brave Un Tel, à mon concitoyen, à mon compagnon d'armes, au républicain, au patriote... Il n'avait qu'un défaut : trop de familiarité, et la manie de vous faire des confidences! Il venait droit à vous dans la salle de rédaction, vous y donnait un petit coup de moignon dans le coude, vous emmenait dans le corridor, et vous y disait mystérieusement, avec d'autres petits coups de moignon dans les côtes : « Monsieur, il y a là un citoyen qui vient de se faire écraser le pied... Il a de la famille, je le connais, c'est *un bon*... Donnez-lui donc une pièce de trente sous. » Ou bien « Monsieur, il y a cinq ou six messieurs qui sont venus pour tâcher de vous voir... Mais, *j'ai l'œil américain... C'étaient des raseurs*, et je les ai tous renvoyés. » Ou encore : « Monsieur, il y a là une dame qui a demandé quelqu'un... Je ne sais pas qui elle demande, mais elle n'a pas l'air d'avoir envie de s'ennuyer, et je lui ai toujours dit que vous étiez là... Si vous n'avez pas d'argent, je peux toujours vous prêter un louis... » Un petit coup de moignon par là-dessus, un petit coup d'œil entendu, puis il retournait dans l'antichambre, où il entamait la conversation avec les solliciteurs, ou causait avec la jeune femme à l'air malheureux, qui soupirait dans son coin.

— Quelle est donc la femme qui est toujours là ? demandai-je un soir, intrigué, à la rédaction.

Mais je recevais en même temps un coup de poing dans le dos, et un camarade me disait tout bas, en me montrant à une table un gros joufflu, Z..., qui faisait de la copie en fumant sa pipe :

— Tais-toi, c'est sa femme !

Je ne dis plus rien, on parla d'autre chose, et, le lendemain, on m'expliquait tout.

La pauvre femme était bien Mme Z..., et le ménage avait même des enfants. Z..., seulement, ne rentrait pas tous les jours chez lui, et Mme Z... arrivait au journal, pour avoir des nouvelles de son mari. D'autre part, il la laissait assez généralement sans argent, et elle venait alors lui en demander, mais il *n'y était jamais* pour elle, et le « moignon » avait la consigne.

— M. Z... est-il là ? s'informait-elle timidement.

— Pas encore, répondait le blessé de Saint-Quentin.

Elle s'asseyait, attendait, regardait l'horloge, voyait avec angoisse le caissier ranger ses livres, demandait « à quelle heure venait son mari », et le mari, pendant ce temps-là, installé dans la salle de rédaction, gros, gras, tranquille, fumant sa pipe, « faisait du style », devant son paquet de tabac.

— Écoute, vous disait-il enchanté de lui-même, avec ses deux gros yeux vaniteux, en tirant une bonne bouffée de pipe, écoute un instant que je te lise « ça »...

Et, quand il vous avait lu « ça » :

— Hein ?... Je crois que ça y est !... C'est buriné !...

Puis, il levait tout à coup la tête en voyant l'ami d'Anatole de la Forge arriver à lui avec un sourire particulier, et venir lui dire à l'oreille :

— Monsieur Z...

— Quoi ?

— M°"° Z...

— Mais non, mais non, lui répondait Z... dès le premier mot... Non, je ne veux pas la voir!..

— Voyons, cependant, monsieur Z... voyons...

— Mais non, mais non, mais non!... Non, je vous dis que non !

Le garçon, alors, s'en allait, mais ne tardait pas à revenir, parlait encore à Z..., ressortait, revenait, et faisait ainsi la navette, allant raconter des histoires à la femme dans l'antichambre, et retournant essayer d'attendrir le mari dans la salle de rédaction. Mais le mari ne faiblissait pas, pinçait la bouche, et secouait de plus en plus la tête, surtout quand on interrompait la lecture d'un de ces articles où « ça y était ». Il lui passait, dans ces moments-là, une pâleur de colère sur ses grosses joues, un éclair de fureur dans ses gros yeux, et il criait avec exaspération :

— Il n'y a pas seulement moyen, dans « cette boîte », d'être tranquille une minute !

Il était de fondation, à l'X..., d'aller manifester aux « enterrements civils », et toute la rédaction, un matin, se rendit en corps aux obsèques d'un « bon citoyen ». Le cimetière, seulement, se trouvait loin, personne n'avait déjeuné, et toute la bande, en route, échoua dans un restaurant. On continua, ensuite, le déjeuner fini, par une tournée de brasseries, et les funérailles, à la fin de la journée, se terminaient à *la Cigarette,* où toutes les femmes, en nous apercevant, arrivaient s'abattre à nos tables, secouant leur monnaie dans leurs sacoches, et nous demandant ce que nous allions leur offrir?.. Z... exultait. Ces fêtes-là étaient son élément, et il interpellait tout de suite ces demoiselles. Il en connaissait quelques-unes, demanda leur nom aux autres, les prit par la taille, les tira, les pinça, se mit à taper sur les tables avec sa canne, et commençait à faire un assourdissant charivari, quand il s'arrêtait brusquement...Il venait de remarquer, parmi les filles de la brasserie, une petite blonde qui se tenait derrière les autres, une pauvre petite maigriotte, laide, plate, souffreteuse, qui était là parce qu'elles y étaient toutes, mais sans gaieté, mélancolique, et il lui cria brutalement, furieux, rouge de colère :

— Et toi, là-bas... tu ne dis rien?... Ah! non, par exemple!... Celle-là, elle me dégoûte!... Elle ressemble à ma femme, je ne lui offre rien!

Il y eut, à ce cri du cœur, un silence glacial, et tout le monde cessa de rire pendant quelques minutes. C'était pousser « l'enterrement civil » un peu loin... Mais l'aventure, malgré tout, ne devait pas déshonorer Z..., et, parmi ceux des siens prématurément disparus pour lesquels la Presse, dans sa précipitation professionnelle, trouve, cependant, le temps d'avoir des larmes, vous avez pu souvent le voir citer. Il était ce qu'on appelle « un sympathique », et on nous le donne encore quelquefois en exemple, comme un vaillant, un bon enfant, un cœur d'or, et.. même un « homme de famille »!..

ROCHEFORT

Je déjeunais un matin chez Jean Destrem, secrétaire de la rédaction du *Rappel*. Il habitait, à Montrouge, une maisonnette avec un jardinet, et j'étais à peine là, qu'une voiture s'arrêtait devant la maison. Quelqu'un en descendait, refermait la portière, et un monsieur pâle et grand, avec une barbiche, entrait dans le jardin. Il tenait dans ses bras un énorme paquet, et ses cheveux grisonnants frisottaient sous son chapeau. C'était Rochefort. Il venait aussi déjeuner, avait envoyé d'avance des fleurs à Mme Destrem, et apportait lui-même un cheval à bascule pour les enfants.

Il fut, pendant le repas, très gai, sans pose, à la « bonne franquette », mais n'avait pas cet « œil naïf » que de candides portraitistes pensaient lui voir. Il avait seulement de jolies dents, les plus jolies que puisse avoir un homme, des dents de jolie femme, et presque de joli enfant. Quant à l'œil, il n'était pas « naïf », il s'en faut, mais, au contraire, « très averti », moqueur, d'un gris bizarre et non sans lueur, mais sans lumière. La lumière venait des dents.

Au départ, il embrassa les petits avec une grosse bonhomie d'oncle-gâteau, et les laissa dans l'éblouissement du cheval à bascule...

Rochefort, à cette époque, cinglait vers la cinquantaine, si même il n'y arrivait pas, mais n'en vivait pas moins comme un étudiant à qui le banquier de sa famille aurait remis cent francs pour son argent de poche tous les matins. C'était le même décousu, le même sans-souci dans la vie : les courses la journée, le théâtre le soir, l'existence à bâtons rompus, et, à travers ces distractions, une heure ou deux, tout au plus, pour expédier son article. Il habitait, cité Malesherbes, un petit hôtel où ne manquaient ni les beaux meubles, ni les belles toiles, mais s'y trouvait plutôt campé qu'installé ; il y semblait toujours en déménagement, et vous recevait là sans façon, en homme qui ne veut pas avoir l'ennui d'une maison montée, et se contente d'un groom et d'une cuisinière. Il vous montrait ses tableaux, le dernier bahut qu'il avait acheté, le dernier bibelot qu'il avait déniché, grimpait son escalier avec une rapidité de clown, vous menait voir dans les mansardes un meuble qui ne pouvait se placer nulle part, mais dont il avait fait tout de même l'acquisition, puis vous gardait à déjeuner, et vous empilait cordialement les morceaux dans votre assiette.

A son journal, il passait dix minutes, une demi-heure, trois quarts d'heure, une heure au plus, mais sans régularité, n'aimait pas les visites, redoutait les « raseurs », ne supportait pas certaines figures, exécrait les politiciens, et revoyait les articles de ses rédacteurs comme un général goûte la soupe de ses soldats, une ou deux fois par mois, quand il en avait le temps.

Vers six heures, presque tous les soirs, le secrétaire de la rédaction entendait la sonnerie du téléphone, et demandait à l'appareil :

— Allô, allô... Qui parle ?... Monsieur Rochefort ?...

— Oui, répondait Rochefort qui revenait des courses ou de l'Hôtel Drouot, c'est moi... Qu'est-ce qu'il y a de neuf ?

Et le secrétaire lui racontait les nouvelles, les on-dit, les potins de la Chambre, écoutait à son tour, répondait aux questions, complétait ses renseignements, saluait, par une vieille habitude de déférence, raccrochait les anneaux, et l'article, deux heures plus tard, était là.

A minuit, d'autres fois, le « grand pamphlétaire » n'avait pas encore donné signe de vie, arrivait enfin tout essoufflé, en cravate blanche, en habit, demandait vite « un sujet », et chacun, immédiatement, lui offrait le sien. Mais un auteur, même quand il vous les demande, n'aime pas les sujets qu'on lui propose, et Rochefort les rejetait tous par de petits mouvements de barbiche, les déclarait mauvais, puis sa figure s'éclairait, et il trouvait lui-même tout à coup le bon. Alors, il se levait de sa chaise, riait d'avance des plaisanteries qu'il entrevoyait, s'installait à une table, commençait, et il y avait, le lendemain, comme d'habitude, une « soupe trempée » pour quelqu'un.

Rochefort était-il aimé de la petite troupe qui bataillait à son ombre? Au fond, et quoique fort agréable comme directeur, il l'était peu, et par une raison très humaine. On sentait trop qu'on n'était rien pour lui, qu'il n'avait pas besoin de vous, et pouvait, sans inconvénient, changer de collaborateurs tous les matins. Entre un César et ses soldats, il y a un lien. Entre un César de théâtre et sa figuration, il n'y en a pas, et un César de journal est un César de théâtre. Les trop gros journalistes, comme les trop gros acteurs, étouffent ce qui se produit autour d'eux, et Rochefort est un gros rieur, un rieur énorme et gigantesque. C'est le plus formidable rire de corrosion et de destruction qu'on ait entendu depuis Voltaire. Et Voltaire, encore, ne riait que pour l'aristocratie, Rochefort rit pour la foule. C'est Voltaire dans un porte-voix. Autour d'une pareille figure, nous n'étions tous que des hachures, et les hachures se rendaient fort bien compte qu'elles n'avaient, derrière lui, que la valeur d'un barbouillage toujours facile à gratter, ou à recouvrir par un autre. Quelqu'un, à chaque instant, arrivait tout affolé, et racontait que la rédaction allait être renvoyée. Un Tel l'avait dit au « petit café », et Un Tel était un garçon sérieux, un ami... Tout le monde devait être « balayé » à la fin du mois... A la fin du mois, personne n'était balayé, mais les mauvaises nouvelles n'en recommençaient pas moins à courir, alarmant toute la maison. Cette fois, on avait vu Rochefort déjeuner avec un boursier, et personne n'imaginera toutes les conséquences qu'on tirait du déjeuner de Rochefort avec un boursier ! D'autres fois, il était allé à une première représentation avec un directeur de journal, et chacun en présageait les plus graves bouleversements. D'où venaient toutes ces alertes et tous ces cancans ? Étaient-ils purement illusoires, ou ne l'étaient-ils qu'à moitié? Étions-nous vraiment menacés par des « hachures » concurrentes? N'étions-nous pas plutôt les dupes de quelques diplomates de brasserie intéressés à troubler l'encre? On ne savait pas, mais les moindres prétextes mettaient les têtes en feu, et faisaient bouillir les cervelles.

Rochefort cessait de venir?

— Tiens! pourquoi ne vient-il plus? Il ne veut plus nous voir?...

Rochefort, au contraire, se montrait régulièrement?

— Tiens! Pourquoi vient-il si souvent? Qu'est-ce qu'il a?...

Rochefort donnait par hasard un coup d'œil à la *morasse?* Il « goûtait la soupe »?

—Tiens! Pourquoi a-t-il regardé la *morasse?...*

Rochefort s'enfermait pendant une heure dans son bureau avec un ami?

— Tiens! Avec qui donc est-il? Qu'est-ce qui se prépare?...

Un soir, pendant que la rédaction mijotait ainsi

dans son inquiétude, je montais le voir cité Malesherbes, mais je n'avais même pas à sonner chez lui. Au moment même où j'arrivais, il sortait de la cité avec son ancien camarade de déportation Olivier Pain, s'arrêtait devant la grille, et regardait, à droite et à gauche, comme pour attendre ou éviter quelqu'un.

— Tiens, me dit-il tranquillement, c'est vous?... Mon cher, ne restons pas là... Il doit me venir un raseur, et je file pour lui échapper... Ah! les raseurs!... Et qu'est-ce qui se passe au journal? Qu'est-ce qu'on dit? Qu'est-ce qu'on raconte?.. Je n'y vais plus, j'y ai trop de visites, mais je suis enchanté de ma rédaction... Bazire fait très bien, Gramont a du talent, je peux me reposer sur Degeorge... Tiens! voilà Humbert...

Humbert, en effet, descendait la rue. Il s'arrêta, se joignit à nous, et Pain nous proposa d'aller souper au Rat-Mort.

— Au Rat-Mort? dit Rochefort avec une grimace, au Rat-Mort?.. Autant là qu'ailleurs... Ça m'est égal... Ça existe donc toujours, le

Rat-Mort?... Au Rat-Mort ! Au Rat-Mort !... Allons-y, si vous voulez, mais j'ai horreur du café !

Quelques minutes après, nous étions au Rat-Mort, et nous y trouvions peu de monde. Deux ou trois femmes, des peintres, des modèles, c'était à peu près tout. Quelques rentiers du quartier y lisaient cependant les journaux, des habitués y fumaient leur pipe, et un gros homme en blouse, qui avait comme du cirage ou du cambouis aux mains, somnolait devant son verre, tout congestionné sous sa casquette, à la table voisine de la nôtre. Rochefort commanda la carte, on servit, puis un « type du quartier », un individu en vareuse et en béret, à tête de père-éternel, et qui vendait de la peinture dans les cafés, entra avec ses toiles sous son bras. Il fit deux ou trois fois le tour de la salle, proposant ses marines et ses paysages, mais personne ne lui en achetait, les consommateurs secouaient la tête, et il allait ressortir, lorsque l'homme à la blouse le rappela, lui prit pour une centaine de francs de croûtes, fit sonner les louis sur la table, puis se tourna vers Rochefort, et lui dit, en posant sa grosse main sur notre nappe, avec un sourire aimable :

— Monsieur Rochefort, vous ne me reconnaissez pas, mais moi je vous connais bien... Qui est-ce qui ne connaît pas M. Rochefort?...

Et, lui citant toute une liste de champs de courses et de chevaux :

— Vous avez gagné cinq cents francs sur tel cheval, monsieur Rochefort, et, la veille, trois cents sur un autre, monsieur Rochefort, et six cents la semaine précédente, monsieur Rochefort, sur un troisième... Ah! Ah!... L'autre jour, par exemple, monsieur Rochefort, vous vous étiez trompé sur le poids du jockey... Du jockey, monsieur Rochefort, pas du cheval... du jockey.. Mais le plus beau coup que vous ayez jamais fait... Ah! le plus beau coup de monsieur Rochefort, son plus beau coup, c'est quand il a gagné...

Et il indiquait une somme énorme, s'essuyait

la bouche, soufflait, avançait encore sa grosse main sur la nappe, et reprenait d'un air malin :

— Monsieur Rochefort ne se rappelle pas ?... Ah! ah!... C'est que je me rappelle bien, moi!... Et il n'y a eu, ce jour-là, monsieur Rochefort, que deux gagnants!... Deux gagnants, monsieur Rochefort, deux gagnants...

— Mais oui, finissait alors par dire Rochefort intrigué, mais oui, mais oui, en effet, c'est vrai, je me rappelle... Nous n'étions que deux qui avions joué sur ce cheval-là... Il y avait moi, et puis... Et puis qui donc ?... L'autre...

— Monsieur Rochefort, c'était moi !...

Et le maquignon se levait, menaçant de sympathie et de familiarité, et nous disait, en ôtant sa casquette, avec un mélange de triomphe et de modestie :

— Monsieur Rochefort, et aussi ces messieurs, permettez-moi de vous offrir à souper...

— Merci, merci, merci! s'écriait Rochefort avec terreur...

— Voyons, monsieur Rochefort...

— Jamais !... Vous voyez bien que nous avons fini de manger.

— Oh ! monsieur Rochefort, voyons !... monsieur Rochefort et ces messieurs ?

— Mais non, mais non ! je vous dis que non !

— Alors, une bouteille de champagne, monsieur Rochefort ?

— Non plus !... Je n'en bois jamais !

— Alors, monsieur Rochefort, n'importe quoi, ce que vous voudrez.

— Mais non !... Encore une fois, je vous dis que je vous remercie bien... Non, non, rien du tout, rien du tout !

Mais le maquignon ne lâchait pas prise, et ne s'en acharnait que davantage :

— Monsieur Rochefort, écoutez-moi... Monsieur Rochefort et ces messieurs... Je sais que je suis mal mis, mais j'ai de l'argent... Tenez... Tenez... Et si ces messieurs et vous, par hasard, vous aviez besoin...

— Garçon, cria Rochefort épouvanté, garçon, garçon, garçon... L'addition !...

Et nous nous sauvions du « Rat-Mort »,

poursuivis par l'homme à la blouse, qui courait après nous sur le boulevard, et voulait nous prêter de l'argent...

Rochefort, ce soir-là, n'avait pas eu de chance. Il n'aimait pas aller au café, et il s'y était laissé mener. Il avait horreur des gens sales, des ivrognes et des raseurs, et il était tombé sur un voisin qui était les trois à la fois.

PELLEPORT

Pelleport malade!... C'était presque une invraisemblance. On ne l'avait jamais vu que rempli de santé, exhubérant, se couchant au petit jour, passant ses nuits à réciter des vers, toujours surpris par l'extinction du gaz dans tous les cafés du « Quartier », et heureux, dans cette vie-là, comme un merle dans un arbre. Les cheveux tout blancs, quoique jeune, la figure au vent, la poitrine en bataille, et sans cesse escorté de « vieilles barbes » de garibaldiens, de républicains espagnols, de jeunes gens à chapeaux d'artistes, il était gérant du *Rappel*, mais un gérant lyrique et romantique, et le séide le plus convaincu de Victor Hugo. Il n'y avait pas, d'ailleurs, de garçon meilleur ni plus brave, d'une loyauté plus naïve, et plus complètement poète dans le cœur, bien qu'il le fût de son métier.

— Comment, Pelleport, toi?... Malade!

C'était ce que je me préparais à lui dire en montant son escalier, mais je m'arrêtais tout surpris, avant même d'être rendu. Il habitait un petit cinquième, chez des compatriotes, M. et Mme D..., et Mme D..., à mon arrivée, se promenait sur le palier, toute bouleversée d'anxiété. Elle avait envoyé son mari chercher le médecin, et allait et venait, en l'attendant, sans pouvoir « tenir en place ».

Je lui demandai avec stupéfaction :

— Mais qu'est-ce qu'il y a donc?... Est-ce qu'il est gravement malade?

Elle me faisait signe que oui, me donnait quelques détails, et me conduisait auprès de lui.

Le pauvre Pelleport avait la tête immobile sur l'oreiller, les bras allongés sur les draps, et ne vous répondait plus que d'une voix lointaine, qui n'était déjà plus la sienne.

— Qu'est-ce que tu as, Pelleport?

— Je ne sais pas... C'est la nuit...

— La nuit ?... Comment, la nuit ?...

— Oui, la nuit...

— Et qu'est-ce qu'il y a, la nuit ?

— Je vois des choses effrayantes.

— Et qu'est-ce que tu vois d'effrayant ?

— Je ne sais plus...

J'avais peur de le fatiguer en continuant à causer, mais il me dit au bout d'un moment :

— Pourquoi ne parles-tu pas ?...

Et il me demanda des nouvelles de ses amis

— Et Un Tel ?... Et Un Tel ?... Ils vont bien ?..

— Oui, très bien.

— Et le père Hugo ?

Victor Hugo était la religion de sa vie, et les portraits du « père Hugo » tapissaient sa chambre. Il y en avait en photographies, en dessins de journaux, en gravures. Au fond de son lit, sur les murs, partout, on ne voyait que le « père Hugo », et il me répéta :

— Et le père Hugo ?... Comment va-t-il ?...

Il parlait toujours de sa même voix assourdie et méconnaissable, s'interrompait, fermait les yeux, se rappelait des noms, les prononçait, et me demanda encore :

— Tu ne connais pas le docteur D....?

— Le docteur D....? Non.

— Il est venu me voir. C'est un brave homme...

Je cherchais à deviner sa maladie. Il était assoupi, mais ne paraissait pas souffrir, et Mᵐᵉ D..., dont l'anxiété s'exaspérait de plus en plus, me dit lorsque je m'en allai :

— Croiriez-vous que nous ne pouvons pas trouver un médecin !... Mon mari est parti, il y a deux heures, pour en chercher un... Mon fils devait en voir un autre aujourd'hui...

— Mais le docteur D....?

Elle fit un geste de désespoir.

— Ah ! monsieur... Le docteur D....! Ne me parlez pas de cet homme-là !... Je ne sais pas comment le mettre à la porte !

Ce docteur D.... était une des « vieilles barbes » que Pelleport traînait toujours à sa suite, dans les cafés et les bureaux de rédaction. Il avait eu, trente ans plus tôt, une célébrité comme savant, mais s'était jeté dans la politique, était tombé de là dans l'ivrognerie, et avait fini chansonnier. Il submergeait les journaux de ses refrains contre les curés, les hurlait aux tribunes des réunions publiques, et battait le pavé du boulevard Saint-Michel en laissant passer de sa poche un éternel foulard rouge, qui en sortait pêle-mêle avec des chansons. Dès qu'il avait su Pelleport malade, il était arrivé chez lui, et l'avait immédiatement soumis au régime des chansons anticléricales. Il braillait dans la chambre toute la nuit, battait la mesure, tapait des pieds, fusillait le bon Dieu en musique, et interrompait le concert par des coups de trompette dans son foulard.

— Des médecins comme ça, finit par me dire Mme D..., M. Pelleport, voyez-vous, ferait mieux de ne pas en avoir!

Devais-je partir, moi aussi, à la découverte d'un médecin? Je me le demandais presque en redescendant... Mais M. D... en cherchait déjà un, le fils D... en cherchait un autre, le chansonnier en était un troisième, et je réfléchis qu'il valait mieux, au moins jusqu'à nouvel ordre, ne pas risquer d'en mettre un quatrième dans la maison. Le soir, seulement, je prévins quelques amis, et tout de suite, le lendemain, je m'informais à mon retour : « Avez-vous un médecin? » Il en était venu deux, mais c'était encore deux médecins politiques, plus ou moins journalistes ou candidats, et le malheureux Pelleport avait une méningite! Les deux docteurs s'étaient empressés de venir soigner le gérant du *Rappel*, puis avaient fait une grimace à l'inspection du logis, une autre devant le malade, avaient paru furieux de s'être dérangés pour quelqu'un de si mal logé, laissé une ordonnance, et filé sans saluer. Ensuite, le chansonnier était revenu à son tour, avec son foulard et ses chansons, avait éclaté de rire en lisant les papiers de ses deux collègues, les avait déclarés deux ânes, et s'était remis à guillotiner les curés dans ses couplets...

— Eh bien, Pelleport, lui dis-je, comment vas-tu?

Il était encore plus abattu, et parlait d'une

voix plus vague, mais s'informa toujours de ses amis, et me répéta comme la veille :

— Et le père Hugo... ?

Il ajouta :

— L'as-tu vu ?...

Victor Hugo recevait tous les soirs, et j'allai, dans la soirée, lui annoncer l'état du pauvre garçon. Le grand homme eut un mouvement de surprise, parut très contristé, et dit à un de ses amis qui se trouvait là, dans le salon :

— Docteur, vous connaissez bien Pelleport ?... Il est très mal, allez donc le voir...

Hélas ! c'était encore un docteur politique, et il allait faire le quatrième ! Il entra comme un homme qu'embarrasse la vue d'un malade, regarda le malheureux comme on regarde un paysage, lui parla, ne reçut pas de réponse, passa aux gravures de la muraille, contempla les Victor-Hugo des photographies et des estampes, vit les ordonnances, les lut, ne dit rien, esquissa un coup de chapeau, et sortit.

Le lendemain, dans l'après-midi, nous étions une quinzaine empilés dans le petit cinquième.

On n'avait jamais parlé qu'en riant, jusque-là, du pauvre Pelleport, mais personne, au fond, n'était plus aimé que lui, et tout le monde, en le voyant, avait des larmes dans les yeux, quand un grand coup de sonnette résonna. La porte, cependant, devait être ouverte, mais on avait sonné tout de même, et M. D..., qui était allé recevoir, revint brusquement tout effaré, les bras en avant, et nous disait en nous écartant tous :

— Victor Hugo!... Victor Hugo!...

En effet, c'était lui, c'était « le père Hugo », avec sa tête de neige, sa face de santé rose, et ses quatre-vingts ans. Il venait voir son bon séide, mais le bon séide, depuis déjà une heure, ne reconnaissait plus personne, et ne le reconnut pas non plus.

— Pelleport, lui dit-il en l'appelant de sa voix rugueuse et en lui prenant la main, Pelleport, c'est Victor Hugo... votre ami... Victor Hugo!...Vous ne me reconnaissez pas ?...Vous ne reconnaissez pas Victor Hugo ?... Vous ne reconnaissez pas votre ami Victor Hugo?...

Mais Pelleport ne répondait pas, et restait immobile... Il râlait...

Un peu plus tard, cependant, il fit encore un dernier geste, comme pour repousser quelque chose, la mort, ou peut-être la vie, puis ne bougea plus... C'était fini... Il avait cessé de respirer, et une petite écume rousse, qui sortait avec un petit bruit, lui moussait seulement aux narines...

Pauvre Pelleport !... On l'emmena dans son pays, près de sa mère, et là-bas, grâce à elle, au pied des collines de « son midi », il échappa du moins, dans sa petite ville, à la mascarade d'un enterrement civil. Athée, jacobin, révolutionnaire, terroriste, et même anarchiste, il s'était toujours figuré être tout cela, et jamais la chrétienté n'avait eu pourtant de meilleur chrétien.

UN GÉNÉRAL
DE SALLE DE RÉDACTION

On « enterre » beaucoup, dans le journalisme. Enterrements politiques, enterrements littéraires, enterrements de partis, enterrements de propagande, enterrements de protestation, enterrements à succès, enterrements d'estime ! L'enterrement rentre dans la profession, et je crois encore assister à celui de l'énigmatique et sombre Blanqui...

Sur les dix heures du matin, par un de ces froids gris de Paris comme il en fait en décembre et en janvier, un de ces temps de brouillard sale et glacé qui sentent la suie et la guenille mouillée, on s'était réuni devant la maison du mort, route d'Italie, dans un faubourg sans fin, devant une maison ignoble maculée comme le vêtement d'un homme assassiné, et un bourdonnement d'émeute montait d'une foule en haillons, où les haleines semblaient encore augmenter la brume. Oh! cette maison! Comme elle suait la misère, et la misère horrible et splénétique! Partout, à toutes les fenêtres, des empilements de gens regardaient, le corps tendu en dehors. Des grappes de têtes haves se penchaient, comme à la rampe du poulailler d'un théâtre, béantes, fendues de rictus, barbouillées elles-mêmes comme le mur de la masure, et l'on ne distinguait même plus bien, sous la bruine qui détrempait et brouillait les figures, si c'étaient des têtes d'hommes ou de femmes ! C'était là que s'était exhalé, de sa maigre ruine de corps, le petit souffle du vieux Blanqui, du mystérieux et sinistre vieillard qui avait tant conspiré, tant fait d'années de forteresse, tant épouvanté la Société, et, lorsque le cercueil partit, cahotant dans le pauvre char, on vit se former, grouiller, et s'allonger derrière, un cortège extraordinaire, comme on n'en avait jamais vu ! Tout ce que les taudis recelaient de mendiants, de béquillards, d'es-

4.

tropiés, de haines, de loques, de souffrances, de révoltes, d'infirmités, de difformités et de fétidités, s'était donné rendez-vous là. Toute la vase sociale, ce matin-là s'était canalisée derrière ce corbillard, et roulait son fleuve noir sous la vapeur d'hiver, avec ses clapotements, ses remous et ses exhalaisons, par les quartiers Mouffetard, de la Bastille et de Charonne! Le convoi passait comme un fléau de rêve, comme un reptile d'Apocalypse! Le drapeau rouge, interdit par la police, montrait seulement le bout de son haillon, et c'était encore plus lugubre. On le tirait de temps à autre de sa gaîne, il flottait un instant pour disparaître et on le voyait alors saigner, comme une blessure qui se rouvre, sur cette longue foule hâve qui traversait Paris.

Il était venu, naturellement, beaucoup de journalistes mais la manifestation leur paraissait un peu patibulaire. Un vent de glace, avec cela, vous piquait ses aiguilles dans la figure, il était l'heure du déjeuner, et l'enseigne des *Quatre Sergents de la Rochelle* avait déterminé, place de la Bastille, d'assez nombreuses désertions. L'établissement, en un clin d'œil, s'était trouvé envahi, et huit ou dix rédacteurs de journaux, quelques minutes plus tard, se retrouvaient dans un cabinet particulier, ayant au milieu d'eux un confrère peu connu, mais que sa grosse face couperosée de militaire alcoolique, sa barbiche qui séparait en deux ses larges mentons, et ses gros yeux en boules de loto, écarquillés dans leur eau, désignèrent tout de suite à ce besoin de plaisanterie qui reparaît si volontiers dans les funérailles.

— Qu'est-ce que c'est donc que celui-là ? se demandait-on à l'oreille.

— Ne blague pas, répondait-on, c'est un général.

— Comment, un général ?... Allons donc... C'est le rédacteur militaire de l'X...!

— Justement, c'est le général R...

— Le général R...? Laisse-nous donc... Tout au plus un cantinier !...

— Mais non, pas du tout... Je t'assure que

c'est un général... Il n'en a pas l'air, mais c'est un général.

— Mais quel général ?

— Mais on te le dit... Le général R... !

— ???

— !!!

On s'était cependant mis à table, le général avait pris sa place, et ce fut à qui lui demanderait ou lui offrirait quelque chose, pour avoir l'occasion de lui donner son titre.

— Encore un peu d'omelette, Général ?

— Général, pourriez-vous me passer la moutarde ?

— Servez-vous donc, Général, servez-vous donc !

— Général, après vous...

— Un verre de vin, Général ?

— Mettez-vous de l'eau, mon Général ?...

Ce feu roulant de « Général » et de « mon Général » paraissait chatouiller fort agréablement le rédacteur militaire, et toute sa grosse face s'en secouait de plaisir, ses gros yeux en roulaient de joie dans leur liquide, son gros corps de sac à bitter en tressautait de petits bonds, et la broussaille de ses moustaches bafouillait des remerciements...

Vingt ans, hélas ! à l'heure qu'il est, ont passé depuis ce déjeuner, et qu'est-ce que j'ai lu depuis, un matin, dans les journaux ?...

«... On se rappelle peut-être un certain gé-
« néral, ou soi-disant général R..., qui n'était,
« croyons-nous, qu'un simple adjudant cassé,
« et qui traitait les questions militaires dans
« les journaux radicaux. Le général R... vient
« d'être arrêté sous l'inculpation d'escroquerie.
« Il achetait à crédit, pour les revendre au
« comptant, des levrettes et des caniches... »

C'ÉTAIT UN FEUILLANT!

— Tenez, garçon, vous allez remettre...
— Mais non, garçon, remettez donc ça...
— Mais non, mais non, voyons...
— Ah çà, je vous dis, garçon...
— Allons, voyons... voyons...
— Mais enfin, sacredieu !
— Il n'y a pas de sacredieu et il n'y a pas de Dieu !... Garçon, passez-moi ça !...

J'entendais les deux voix qui se disputaient en ces termes dans l'antichambre, et le garçon, de temps à autre, essayait d'intervenir.

— Mon Dieu ! Messieurs... Vous savez... A moi, ça m'est égal... Je ferai ce que ces messieurs voudront...

Mais la discussion continuait, et je commençais à croire à une bagarre, quand elle se calma, et lorsque le garçon vint me remettre une carte.

On lisait dessus :

LES ÉDITEURS
DE
L'ENCYCLOPÉDIE DE LA RÉVOLUTION

Ils étaient deux, et entrèrent tout essoufflés, dans une surexcitation extraordinaire. L'un, tout petit, un bout de corps frétillant dans un grand paletot-sac, d'où sortaient de toutes les poches des papiers et des journaux, se secouait comme un feu follet. L'autre, un gros tout rond, suant, cramoisi, chauve comme un œuf, s'épongeait le crâne avec une grimace d'asthmatique.

— Monsieur, dit tout suite le feu follet.

— Pardon, pardon, souffla le gros chauve.

— Ah! pardon, pardon!... Laissez-moi parler à monsieur!

Ils se lancèrent des regards exaspérés, puis le petit finit par avoir raison du gros, et se mit à m'exposer l'objet de leur visite avec l'exubérance d'un avorton frénétique qui veut racheter sa petite taille par sa gesticulation. Ils venaient d'entreprendre une publication considérable, une encyclopédie des hommes et des choses de la Révolution, et une étude approfondie devait être consacrée à chaque question. Il s'agissait, en un mot, d'une œuvre colossale, gigantesque, d'un monument! Tous les écrivains vivants y collaboraient! Elle devait être illustrée par les reproductions les plus soignées des plus belles estampes du temps!...

Et le feu follet, dressé sur ses petites jambes, secouant les paperasses de son paletot, bonimentait fanatiquement. Il avait l'air d'avoir avalé la *Marseillaise.* L'autre, pendant ce temps-là, continuait à s'éponger le front, et nous finîmes par convenir que je fournirais une étude sur le Calendrier Républicain.

— Ah! Monsieur, quelle époque! s'écria alors le petit homme, quel temps, quelles luttes, quels trésors d'histoire et de philosophie!... Je vis là-dedans depuis déjà des années, j'y nage à plein corps, Monsieur, et vous me croirez si vous voulez, eh! bien, Monsieur, j'en deviens fou...

— C'est l'océan! dit le gros chauve.

— Non, riposta éperdument le feu follet, c'est plus que l'océan, c'est l'espace !... A présent, je vous l'avoue, mon homme à moi, dans tout ça, celui qui domine les autres, c'est Robespierre...

— Allons donc! ricana le chauve, c'est Danton !...

— Danton s'est vendu! hurla l'astèque en verdissant.

— C'est faux!

— C'est prouvé !

— Jamais !

— Si !... l'Encyclopédie le démontrera!

— Elle démontrera le contraire!

— Non !

— Ah! pardon...

Il fallut encore les calmer :

— Voyons, Messieurs.

— Vous avez raison, reprit plus froidement le petit homme, la Révolution est Une et Indivisible !... On n'en doit rien distraire, c'est un bloc!... Et maintenant, Monsieur, les idées sont tout et les hommes ne sont rien... Néanmoins, continua-t-il en fouillant dans son paletot, nous pourrions peut-être vous laisser nos noms...

Le gros chauve, à ces derniers mots, poussa comme un aboiement, fouilla aussi dans sa poche, et ils semblaient encore sur le point de se sauter à la figure, quand ils me remirent ensemble leurs cartes, et lorsque le petit me dit en me serrant les mains :

— Mon Dieu! Monsieur, voyez-vous, nous ne sommes pas toujours d'accord, mon collaborateur et moi, et tout à l'heure, en entrant, il y avait justement une discussion entre nous... La plus grande parole de la Révolution, Monsieur, est peut-être celle d'Anacharsis Clootz : « France, guéris-toi des individus ! » Aussi, je ne voulais pas, tout d'abord, vous faire passer nos cartes, comme le voulait mon collègue... Mais je réfléchis qu'il faut bien, après tout, que nous nous connaissions... Les voici donc !... Encore une fois, seulement, nous ne sommes rien !... nos noms ne sont rien, les noms ne sont rien, et notre vrai nom est Légion !... Légion, Monsieur, Légion !...

Et il s'écria, en retraversant l'antichambre :

— A bas les hommes !... Vivent les idées !... Vive la Révolution !.. Vive l'Encyclopédie !...

Le feu follet s'appelait Arcès, ajoutait même encore à ce nom d'Arcès le complément d'Arcèmus, et le gros chauve était le fameux sergent Rattier, un très brave homme, l'ancien député de 1848. Ils devaient revenir au bout de huit jours, et m'apporter les documents nécessaires... « Documents uniques, s'était écrié Arcès, documents uniques, Monsieur, uniques ! » Mais je n'entendis plus parler d'eux pendant un mois. S'étaient-ils égorgés dans leur boutique ? Plaidaient-ils ? Arcès avait-il guillotiné Rattier, et le sang de Rattier étouffait-il Arcès ? Je me demandais ainsi quelquefois ce que devenaient les deux associés, lorsque deux grands plis de même format, et de même papier, m'arrivèrent un jour par le même courrier. Je déchirai l'un d'eux, et j'y trouvai la reproduction d'une vieille gravure de 1789 représentant une scène des États Généraux. Deux ou trois cents petits personnages levaient tous les bras dans un geste identique, et couraient tous d'un même élan, sous les tentures d'une grande salle où était un trône. Toutes les mains s'agitaient comme pour une même proclamation, tous les visages brillaient de la même folie, tous avaient l'air de marionnettes emportées dans une tragique sarabande... Je déchirai l'autre pli... Il contenait exactement la même image, simplement un second exemplaire de la même reproduction, les petites marionnettes courant, les bras en l'air, on ne savait où... Alors, j'ouvris les deux lettres, et chacune était également écrite sur le même papier, chacune avec l'en-tête de l'Encyclopédie, et toutes les deux avec un *post-criptum*.

« Très honoré concitoyen, me disait l'une d'elles, ci-joint, et tout en hâte, emporté que je suis dans le tourbillon d'un travail cyclopéen, le premier bois de *notre* Encyclopédie. Quelle belle aurore que cette aurore de 89! Et que de traîtres, pourtant, il y avait déjà à la première heure ! Que de futurs *agents de Pitt et de Cobourg* dans cette levée d'enthousiasmes !... Méfions-nous, méfions-nous, mon cher concitoyen, méfions-nous et surveillons-nous! N'était-ce pas la sagesse suprême de notre grande et chère époque ?...

« A vous, en la Révolution.

« Arcès-Arcémus. »

« *P. S.* — Je vois le moins possible *mossieu* Rattier, et je vous avouerai même qu'il m'est un peu *suspect*.

« A... A...»

L'autre était du sergent, et j'y lus :

« Cher Monsieur, je ne sais pas si le *citoyen* Arcès, au milieu des travaux qui l'accablent, prétend-il, au point de le rendre invisible, songera à vous envoyer notre premier bois. Je me charge donc de ce soin. L'estampe est belle, elle exprime bien la noble fraternité des premiers jours. Pourquoi faut-il que de funestes orages soient venus obscurcir un ciel si pur!

« Votre dévoué

« RATTIER. »

« *P. S.* — Nous vous apporterons sous peu les documents sur le Calendrier, mais c'est notre Jacobin qui les détient, et il est inabordable.

« R... »

Quelques jours plus tard, effectivement, j'étais au journal, lorsque j'aperçus dans la rue deux silhouettes que je reconnus. C'étaient mon Jacobin et mon Dantoniste. Ils arrivaient encore en bataillant, avec des haussements d'épaules et des gestes d'énergumènes. Le Jacobin paraissait prêt à bondir à la gorge du Dantoniste, et le Dantoniste, lui, toujours cramoisi, suivait le trottoir son chapeau à la main, au milieu des passants qui se retournaient ahuris.

Au bout de quelques minutes, j'entendis de nouveau leurs éclats de voix. Puis, le garçon me les annonça, et ils entrèrent comme une trombe, Arcès tout en feu, et Rattier tout en eau.

— Monsieur, haletait le sergent, voici les documents... Voici... Excusez-nous...

Mais l'autre l'interrompait, comme avec un sifflement.

— Ah! mais pardon, pardon, pardon!... C'est que c'est vous!...

— Comment, c'est moi?... Ah çà! c'est un peu fort!... Ça n'est pas vous qui les.....?...

— Entendons-nous, distinguait alors jésuitiquement le Jacobin, et surtout, avant toute chose, n'accusons pas toujours la Montagne de perdre la République !... Savez-vous ce que je fais depuis six semaines, *mossieu* Rattier? Je m'occupe de ces splendides bataillons de volontaires dont on a osé... Pardon... dont on a osé... Ah! mais pardon, vous me laisserez continuer... dont on a osé contester l'authenticité... Je suis à la frontière, moi, *mossieu* Rattier, pendant que vous restez à l'intérieur!... Et quel travail, Monsieur, quel travail! C'est titanesque! Je succombe sous des Pélion et des Ossa de mémoires et de manuscrits !... Aussi, vous savez, pour ces documents-là... Allons, voyons, à la fin, voulez-vous me laisser parler ?...

L'ancien sergent, en effet, cherchait à chaque instant le joint pour protester, mais le feu follet le frappait de mutisme, lui faisait perdre la tête, l'abrutissait, l'étourdissait par son bavardage, et ils avaient fini par ressortir ensemble, le Dantoniste de plus en plus vaincu, et le Jacobin de plus en plus triomphant, quand le Dantoniste rentra seul tout affolé, courut d'abord par la chambre, et me dit enfin rapidement, en regardant avec terreur si l'autre ne revenait pas derrière lui :

— Monsieur, monsieur... S'il voulait vous reprendre les documents, ne les rendez pas, gardez-les... gardez-les... Vous entendez... gardez-les... C'est honteux pour la Révolution, Monsieur, c'est honteux... Si vous saviez ce qu'il veut... Mais je ne peux pas vous dire... C'est honteux... Honteux... Honteux...

Puis, il saluait brusquement, et repartait

tout épouvanté, car j'entendais déjà le Jacobin qui remontait aussi, et revenait à son tour me demander à l'oreille :

— Qu'est-ce qu'il est venu vous dire, le brigand?... Vous savez, Monsieur, et je vous l'ai déjà écrit... C'est un suspect... un suspect!... C'est — un — sus — pect !...

Cette fois, je restai trois mois sans avoir de leurs nouvelles. De temps à autre, seulement, on m'envoyait encore un bois, et le bois m'arrivait invariablement en double, toujours le même dans deux plis séparés, lorsque je reçus un jour la lettre suivante :

« Cher Monsieur,

« Il faut que je vous voie, que je vous parle ! Je suis en ce moment victime de la plus infernale des conspirations... Toutes mes pauvres économies, toute ma petite fortune y passent !

« Un mot, un mot seulement!

« RATTIER. »

Mais j'en recevais encore une autre, une heure après, et je lisais dans celle-là :

« Très honoré concitoyen
et cher collaborateur,

« Je suis sur la paille, et sans avoir pu *sauver la patrie!...* L'homme a été exécuté, mais trop tard, et notre Encyclopédie ne verra pas le jour... Ah! le misérable! le scélérat!... Je le traduis bien devant le tribunal, mais ce n'est que devant le Tribunal de Commerce, et ce qu'il mériterait, le scélérat, ce serait le Tribunal Révolutionnaire! Il se disait *Dantoniste*, mais n'était pas même *Girondin*...

« C'était un Feuillant !!! »

« Arcès-Arcèmus. »

NOTRE ANATOLE NATIONAL

Je ne pensais déjà plus, depuis quelque temps, à l'*Encyclopédie des choses et des hommes de la Révolution*, quand je voyais entrer chez moi, un matin, le brave sergent Rattier, et le pauvre homme, toujours s'épongeant, me demandait, d'un ton qui me navrait, si je ne pourrais pas l'aider à trouver un petit emploi.

— C'est qu'un petit emploi, lui dis-je avec embarras...

— Oh! ajouta-t-il tout de suite, n'importe lequel!... Tout ce qu'on voudra!... Garçon de bureau, commis, gardien de square... N'importe quoi!...

— Voyons, lui dis-je en cherchant, où pourriez-vous bien vous adresser?... Quels étaient donc déjà les collaborateurs de votre *Encyclopédie*?

— Attendez! s'écriait-il alors, en mettant son chapeau par terre pour fouiller plus vite dans sa poche, j'en ai la liste sur moi...

— Eh bien, lui dis-je, quand il m'eut remis la liste, vous avez là des députés, des sénateurs... Vous êtes vous-même un ancien député, vous êtes pour eux un ancien collègue... Ils ne peuvent pas vous refuser une position.

Il me répondit, tout tremblant :

— J'y ai bien pensé... Seulement, je suis trop vieux... Je ne connais plus personne... Personne ne me connaît plus... Je ne sais plus à qui m'adresser...

— Voyons, cherchons...

Et je remarquais, parmi les noms, celui d'Anatole de la Forge... Ce fut comme un éclair... Anatole de la Forge! C'était, évidemment, pour un vieux sergent-constituant, un protecteur tout indiqué. Ancien défenseur de Saint-Quentin, et tenant lui-même des hommes de 48, après lesquels il venait comme un supplément, il était exactement ce qu'il fallait, et le malheureux sergent s'écriait tout de suite, en effet, à ce nom providentiel d'Anatole de la Forge, avec un air d'espérance :

— Est-ce que vous le connaissez?

— Mais oui... un peu...

— Et vous pourriez lui parler de moi?

— Mais certainement!

— Et bientôt?

— Mais immédiatement si vous voulez... Attendez... Quelle heure est-il?... Oui... Nous pouvons y aller tout de suite.

— Et qu'est-ce qu'il faut lui demander?

— Ça, il nous le dira lui-même, mais ne vous inquiétez pas... Ils doivent savoir les places qu'ils donnent aux anciens collègues.

Le pauvre sergent me remercia d'un sanglot et d'une poignée de main. Il se voyait déjà tiré d'affaire, et, dans son effusion, ne retrouvait plus son chapeau. Il s'épongeait le front, perdait ses papiers, les remettait dans ses poches, et je l'emmenais, séance tenante, chez le défenseur de Saint-Quentin.

Anatole de la Forge était le meilleur enfant de la République, et sa barbe en tablier de forgeron, son patriotisme d'Epinal, son œil qui se mouillait d'attendrissement au moindre écho publié sur lui dans un journal, sa tête à la Michel-Ange, ont été célèbres pendant dix ans. C'était un ému, et un bel homme.

— Monsieur de la Forge, lui dis-je en arrivant, pendant qu'il me serrait énergiquement les mains et que sa poitrine se déployait comme pour couvrir encore Saint-Quentin, connaissez-vous le sergent Rattier?

— Le sergent Rattier? s'écria-t-il avec un éclair dans l'œil... Celui de 48?

— Celui de 48!

— Mais il est mort!

— Mais non.

— Comment!... Non?...

Je ne m'étais pas trompé, et ce nom de sergent Rattier, 48, la Constituante, toutes ces vieilles reliques l'allumaient. Il rayonnait, et, me serrant toujours les mains :

— Comment, comment!... Le sergent Rattier? Mais qu'est-ce que vous me dites là?... Ah! ça, il existe encore?

— Oui, il existe... Et savez-vous où il en est?... Il n'est pas heureux, le pauvre diable, et vient vous demander votre protection pour obtenir une place de gardien de chalet ou de garçon de bureau !

J'attendais, à ce moment-là, chez Anatole, une explosion de sentiment démocratique, mais il me parut plutôt, au contraire, me serrer les mains moins fort. Son œil avait pris quelque chose de sec. Il me regardait d'un air étrange. Il avait l'air d'avoir perdu la parole.

— Voyons, monsieur de la Forge, ajoutai-je assez surpris, il demande une petite place, n'importe quoi... Il n'a pas de quoi manger...

Mais, décidément, je tombais mal, et, plus je parlais, plus le thermomètre me semblait baisser dans l'appartement. Anatole me tenait bien toujours les mains, mais comme avec une envie de me les lâcher, et finit par me dire, en me regardant bien dans les yeux :

— Ah! çà, mon bon ami, dites-moi donc un peu... Vous ne me l'auriez pas amené, par sard?... *Il n'est pas là, au moins?... Hein?...*

— Mais, ma foi, si, si... Il y est!... Dame, j'avais cru...

Il recula, puis revint ensuite encore me saisir les mains, et me dit, en recouvrant toute sa cordialité, sur quatre tons différents :

— Voyons!... Voyons!... Voyons!... Voyons!... Pourquoi ne m'avez-vous pas d'abord écrit, avant de m'amener ce brave homme-là?...

Où est-il, maintenant, le pauvre sergent Rattier, ancien député, et même ancien constituant?... Comment a-t-il fini? Je ne l'ai plus revu, et je n'en sais rien... Le fameux Thivrier, le député à la blouse, a bien fini « dans ses propriétés... ». Mais le brave Rattier n'avait porté que la tunique et les sardines, et je doute qu'il ait fini de même.

LE CAFÉ DU JOURNAL

C'était un de ces petits cafés qui attiennent, pour ainsi dire, aux journaux, et qui en sont comme les buvettes : une dizaine de petites tables pouvant se relier par des rallonges, un billard sur un côté, un râtelier de pipes dans un coin, et, trônant au comptoir, une grosse dame blonde, frisée, grasse, comme soufflée, avec triple menton, de belles mains blanches, et des bras gros comme des mollets. Les rédacteurs, le soir, descendaient là comme chez eux, tête nue, en veston de travail, et passaient leur soirée dans l'établissement. Ils y avaient *leur* place, *leur* pipe, *leur* queue de billard, et venaient y faire leur *poule* ou leur *matador*, « en attendant l'*Havas* », qu'on leur apportait vers minuit.

J'avais pris là rendez-vous un soir, et, ce soir-là, ces « messieurs du journal », comme les appelait la grosse dame, parlaient entre eux d'un confrère, d'un certain J..., du Z...

— Pourquoi donc, disait le « confrère » qui distribuait les dominos, nous amène-t-il toujours sa petite fille ?

— Le fait est, disait un autre, qu'il finit par être embêtant... Il pourrait bien la laisser chez lui.

— Il n'a peut-être personne pour la garder, objectait un troisième.

— Ça doit être ça.

— Est-ce qu'il est marié ?

— Mais non !

— Il n'a pas la mère ?

— On ne sait pas.

— Il a toujours bien une maîtresse !

— Qu'il mette donc sa petite en pension !

— Il est contre l'internat.

— Alors, qu'il la mette n'importe où, mais qu'il ne nous l'amène plus ici !... Cette petite qui est toujours là !...

— Elle te gêne ?

— Parfaitement !

— On ne se gêne pourtant pas beaucoup devant elle.

— Ça ne fait rien, elle nous gêne tout de même... Elle est là, tous les soirs, à regarder l'*Illustration*...

La discussion en resta là, car J..., du Z..., arrivait au même instant, suivi d'une petite fille qui lui ressemblait d'une manière surprenante. C'était sa réduction au quart, avec une robe courte, une natte et un chapeau tyrolien. Elle avait, comme lui, deux yeux noirs très rapprochés d'un nez très pointu, une bouche mince, de grandes oreilles, et, avec cela, quelque chose de triste et de nocturne, de blafard, et comme de lunaire. On pouvait lui donner une douzaine d'années, mais elle semblait encore plus petite que son âge, et le père, avec sa carrure, était exactement en homme ce qu'elle était en fillette. Mêmes yeux noirs, mais qui vous regardaient sous un binocle ; même nez pointu, mais commençant à rougir ; même bouche serrée, mais cachée dans une barbe ; même déploiement d'oreilles, mais légèrement violaçantes ; même fond de figure triste et pâle, blanchâtre, et comme enfarinée. J..., seulement, bombait plutôt la poitrine, et portait la tête en a.rière, tandis que la pauvre enfant glissait comme une souris. Il ôta son chapeau et son paletot, et parut boutonné dans une redingote professorale, le crâne vaguement dégarni. Puis, il alla au râtelier de pipes, en prit une, l'alluma, et commença une partie de billard avec ceux qui ne faisaient pas le *matador*, pendant que la petite s'installait seule à une table, et se mettait, en effet, comme on l'avait dit, à feuilleter l'*Illustration*.

On ne peut pas imaginer la sensation que l'on éprouvait devant cette enfant, installée là dans ce café, comme sont installées les filles aux tables des cafés de nuit. Elle avait presque leur figure, leur teint cadavérique, leur patience professionnelle, et leur immobilité. On n'évitait, pour elle, aucune plaisanterie, aucune histoire, aucune gravelure, aucune grossièreté...

Et elle ne bronchait pas, regardait son journal, en tournait simplement les pages, et une tristesse particulière vous prenait à ce spectacle, vous saisissait, vous pénétrait comme une bruine.

Vers minuit, cependant, l'*Havas* arriva...

Alors, on laissa les dominos, et l'on rangea les queues de billards, J..., du Z...., remit son chapeau et son paletot, la petite referma l'*Illustration*, et tout le monde, en s'en allant, défila devant la grosse dame dont le sourire s'épanouissait, et qui saluait dans ses mentons...

Faut-il l'avouer?... J'avais, jusqu'alors, ignoré J..., du Z..., mais je pris goût à ses articles, à dater de cette soirée-là, et je les lis même encore, à l'occasion.

Eh! bien, J.... du Z.... est un austère, et il y a même en lui du protestant. Il donne des conseils au Parlement, déplore la décadence, et présage la durée des cabinets. J..., du Z..., parle à l'Europe!

Mais il a beau se désoler de l'affaiblissement des caractères, signaler « les points noirs », prévenir le pape qu'il le surveille, et dénoncer au ministère ce qui se passe dans les sacristies, je ne vois jamais derrière le pape, les « points noirs », les sacristies et l'affaiblissement des caractères, que le petit café où l'on jouait aux dominos, les pipes, la grosse dame blonde, les joueurs de *matador*, et la pauvre petite fille pâle, au teint de nuit, au nez pointu, qui écoutait tout, immobile, en regardant l'*Illustration*, pendant qu'on causait entre hommes.

LE « GIL BLAS » DES FAMILLES

Le souvenir de cette petite fille que son père amenait au café à l'heure de l'*Havas*, pendant qu'on jouait au billard, est l'un des derniers qui me restent de la presse dite radicale, et je me revois ensuite, dans la presse du Boulevard, collaborant à un journal dont le début, assez imprévu, avait fait quelque sensation.

Des multitudes de bandes multicolores avaient couvert, un matin, les murs et les palissades, les traversant et les balafrant dans tous les sens, et s'enroulant autour des arbres, en cravates et en sautoirs. On ne distinguait pas bien d'abord ce qu'il y avait dessus, mais on approchait, et l'on voyait alors des hiéroglyphes inconnus, de l'arabe, du chinois, du malgache ou du malais. Le lendemain, nouvelle pluie de bandes, mais avec des hiéroglyphes différents. Le surlendemain, même déluge, mais avec des caractères encore nouveaux, et toute la semaine ainsi de suite ! Jaunes, bleues, vertes, rouges, oranges, sur les murailles, sur les colonnes, sur les portes condamnées, aux angles des maisons, sur les mâts d'échafaudages, sur les clôtures, sur les baraques, en travers des autres affiches, les bandes se renouvelaient continuellement, toujours avec d'autres hiéroglyphes, et montraient enfin, un jour, sous le vernis de colle fraîche dont venait de les lustrer le colleur, un mot russe, puis turc, puis espagnol, puis italien, puis anglais, pour aboutir, en dernier lieu, à cette réclame en Français :

LE SUCCÈS
JOURNAL DU MATIN
Paraîtra le..... etc...

Il était temps d'être éclairé, car on finissait par se demander si ce mot bref, mystérieux, et quasi-monosyllabique, successivement traduit sur les murs dans toutes les langues, n'était pas, par hasard, simplement le mot de Waterloo... Mais c'était le nom d'un journal, et il y eut même comme une désillusion. On s'attendait à mieux, on ne savait à quoi, mais à quelque chose de plus, et *le Succès*, qui on avait eu un si grand, quand il ne paraissait pas, n'en eut plus aucun dès qu'il parut. Il était « bien parti »; il était même « arrivé »; seulement, il n'était arrivé à rien.

Le journal se rédigeait rue Grange-Batelière, et nous avions là, comme directeur, un homme peu connu, modeste, mais aimable, et que nous appellerons Dupont, pour lui mettre un masque sûr. Très blond, très doux, rougissant, avec un œil bizarre qui rappelait celui de la chèvre, Dupont trottinait sans bruit, d'un air très affairé, dans les bureaux plutôt mornes, et ne cessait pas de quitter son cabinet et d'y rentrer; il allait y prendre son chapeau, retournait l'y déposer, l'y reprenait, descendait, remontait, repartait, remontait encore, redescendait, vingt fois absent et présent dans la même heure.

toujours pressé et surmené, mais toujours silencieux et toujours poli.

Nous nous demandions quelquefois:

— Comment trouves-tu Dupont?

On ne manquait jamais de répondre:

— Dupont?... Très gentil!

Et personne, en effet, n'était plus gentil que Dupont. Personne n'avait, comme lui, le « respect de l'écrivain », et le désir de l'abonné. Il avait conçu l'idée d'une feuille ingénieuse, d'une sorte de *Gil Blas* nouveau, mais d'un *Gil Blas* chaste, destiné à la clientèle timorée, gai, croustillant, et pouvant néanmoins aller partout. Il rêvait le *Gil Blas* des familles.

Le rêve était-il réalisable, ou devait-il rester un rêve? Une pareille conception n'avait-elle pas quelque chose de contradictoire? Ne pouvait-elle pas aussi être une idée de génie?.. En fait, et en pratique, le *Gil Blas* des familles ne prenait que médiocrement. Dupont, cependant, pour attirer les familles, avait obtenu des concours comme ceux d'Emile Goudeau, de René Maiseroy, et d'Armand Silvestre, les collaborateurs mêmes du vrai *Gil Blas*. Mais les familles ne venaient pas, même avec ces collaborateurs-là. Il y a des « guignes » tenaces, et *le Succès*, malgré son nom, ou peut-être à cause de son nom, paraissait avoir la « guigne ». Ses premiers fondateurs, en inondant Paris de bandes chinoises, russes, grecques et valaques, avaient dû s'adresser à la clientèle cosmopolite, mais la clientèle cosmopolite n'avait pas répondu aux bandes, et le journal de la rue Grange-Batelière, incompris de ce côté-là, s'était tourné d'un autre; il avait décidé d'égayer les familles, après avoir voulu éclairer l'Europe. Les familles, malheureusement, suivaient l'exemple de l'Europe, et ne répondaient pas non plus. La « guigne » s'entêtait, les lecteurs n'arrivaient pas, et je crois bien, en conscience, que nous n'en avions pas dix.

Aussi, la collaboration se trouvait-elle à des prix modestes, mais aimablement offerts, et c'était même là que triomphait la gentillesse de Dupont. On n'imagine pas avec quels égards, quels enveloppements délicats et quelles rougeurs de confusion, il vous remettait le prix d'une chronique. Il vous le glissait en confidence, comme dans une papillote, et ne voulait même pas de reçu. C'était presque, avec lui, un plaisir de recevoir si peu !

Et puis, il y a une jouissance particulière à écrire dans les journaux qu'on ne lit pas. La conscience de parler au public est toujours accompagnée d'une tension et d'une fatigue. On sent les yeux sur soi, les oreilles qui vous écoutent. On craint de choquer, on ne sait pas si on plaira, on se demande si on sera compris. Mais, dans la bonne feuille sans lecteurs, dans l'indépendante « feuille de chou », dans celle que personne ne connaît ni n'achète, et qui ne va aux marchands que pour en revenir, comme Dupont ne quittait son bureau que pour y rentrer, dans celle-là, tout est bonheur. On y est comme dans sa chambre, en pantoufles, les volets clos, les rideaux tirés. L'imprimerie, les machines, les vendeurs, les plieuses, le rédacteur en chef, tout le personnel et tout le train du journal ne sont vraiment là que pour le plaisir; la caisse elle-même n'est pas une caisse, et l'on a tout cela comme pour son privé, pour la satisfaction de voir tirer à un nombre mystérieux d'exemplaires des choses qu'on est aussi seul à relire qu'on a été seul à les écrire. C'est comme ces gâteaux qu'on fait chez soi, et qu'on ne trouve pas chez le pâtissier, c'est de l'imprimerie de ménage, de luxe, et c'est ce que nous avions chez Dupont! On avait réellement, chez lui, la conscience d'y écrire pour soi.

— Vous m'apportez un article? vous demandait-il, toujours gentil... Est-ce un peu d'actualité ?

— Pas du tout !

Il vous répondait en souriant :

— Ça ne fait rien, et je ne vous demande même pas ce que c'est, je sais d'avance que c'est bien... Ça n'est pas trop *dur* ?

— Si, un peu.

— Diable !

Puis, il reprenait philosophiquement :

— Bah ! ça passera tout de même... Mais je vous en prie, n'est-ce pas ?... En général, autant que vous le pourrez, pas trop *dur*... Ne faites pas trop *dur*... Nous voulons pénétrer dans les familles, et, alors, vous comprenez... Mais ne vous gênez cependant pas trop, allez-y !... Une certaine gaillardise, et dans une certaine mesure, même pour les familles... Enfin !... Mais pas trop *dur*, pas trop *dur* !...

Et nous ne tarissions pas d'éloges sur Dupont. Nous répétions toujours :

— Dupont ?... Charmant !... Dupont ?... Idéal... Dupont ?... Très gentil !...

En somme, une bonne maison. Un peu retirée, dans un local ténébreux, où la mélancolie d'un bec de gaz clignotait dans une antichambre grande comme des water-closets, sur un garçon de bureau à figure de nuit, dont toute la livrée était un vieux veston ! Mais bonne maison tout de même, consolante, pleine d'agréments moraux, et nous y étions ainsi sept ou huit à exercer consciencieusement l'admirable journalisme qui consiste à tenir le public au courant de l'histoire contemporaine en lui servant un conte de Boccace le matin d'une révolution, lorsque le garçon de l'antichambre nous reçut, un jour, d'un air étrange.

— M. Dupont est-il là ?

Silence du garçon.

— Eh bien ?... M. Dupont ?... Est-il là, M. Dupont ?

— M. Dupont, Monsieur ?

— Oui, M. Dupont.

— M. Dupont *n'est plus là*, Monsieur.

— Comment ?... M. Dupont *n'est plus là* ?

— Non, Monsieur.

— Mais où est-il ?

Nouveau silence du garçon...

Et Dupont, en effet, n'était plus là.

La veille au soir, au moment où il s'y attendait le moins, deux employés de la Préfecture étaient venus lui offrir une place entre eux dans un fiacre...

Et pourquoi ?...

Eh ! bien, Dupont *faisait chanter*, ou la justice, du moins, l'en accusait. Il faisait chanter en douceur, sans y mettre les ongles, mais *faisait chanter* tout de même. Dupont, en un mot, *faisait des affaires*. Dupont avait une escopette! C'était ce qu'il appelait « pénétrer dans les familles »... Et il avait encore pu voir, entre ses deux inspecteurs, du fond de la voiture où il était parti pour le Dépôt, les restes des bandes turques, chinoises, marocaines, valaques, espagnoles, dont le délavage barbouillait toujours les murailles.

« LA REVANCHE »

Tout, cependant, n'était pas fini dans la maison, et le fauteuil directorial, si soudainement enlevé à Dupont, s'était retrouvé, sans transition, occupé par Peyramont.

Une physionomie accentuée, Peyramont, et l'une des plus curieuses de la rue Grange-Batelière !

C'était un grand diable sec, violent, autoritaire, hâve, grandiloquent, tenant à la fois de Don Quichotte et de Marat, et qui éclatait d'un rire immense dès que vous commettiez une erreur de géographie. Il avait la passion de la politique extérieure, et ne parlait qu'alliances, traités, Balkans, Bosphore, Provinces rhénanes, Principautés danubiennes. Il vous emmenait toujours, dans la conversation, à Berlin ou dans le Caucase.

— Allez-vous au théâtre? demandait-il quelquefois à ses rédacteurs.

— Au théâtre ?... Mais oui...

Il ricanait alors comme à un enfantillage, et vous disait en vous prenant en pitié :

— Alors, vous allez au théâtre ?... Et qu'est-ce que vous pouvez bien aller faire au théâtre ?... Vous feriez bien mieux de savoir ce qui se passe à Saint-Pétersbourg !

Mais il réservait surtout son mépris pour la musique, et ne contenait plus son indignation quand on lui parlait de l'Opéra.

— Ah ! ah ! ah !... L'Opéra !... L'Opéra !... L'Opéra !... Il y a encore des gens qui vont à l'Opéra !... Après le traité de Francfort, nous allons encore à l'Opéra !

— Moi?... lui lâcha un jour un de ses collaborateurs à qui il demandait d'où il venait, mais je ne viens pas de l'Opéra... Je viens « de chez Pilsen ».

— Hein? avait hurlé alors Peyramont.

Et il avait poussé, à ce « chez Pilsen », un véritable rugissement, puis éclaté d'un rire encore plus vaste que d'habitude. Il se tordait sur son fauteuil, et répétait convulsivement, dans une hilarité où il ouvrait une bouche énorme :

— *Chez* Pilsen !... *Chez* Pilsen !... Mais Pilsen, mon cher ami... *Chez* Pilsen !... *Chez* Pilsen !... Mais Pilsen est une ville d'Autriche... *Chez* Pilsen !... *Chez* Pilsen !... Mais Pilsen... Mais c'est près de Marienbad, en Bohême... *Chez* Pilsen !... Alors vous venez de *chez* Pilsen ?... Ah ! ah ! ah !... *Chez* Pilsen ! *Chez* Pilsen !... Ils viennent de *chez* Pilsen !... Ils se figurent, quand ils boivent de la bière de Pilsen, que le patron du café s'appelle Pilsen... *Chez* Pilsen !... *Chez* Pilsen !...

Peyramont n'engageait pas un reporter sans commencer par le soumettre à un examen méticuleux, et sans lui demander d'abord, d'un air qui guettait ironiquement ses bévues, sous quel degré de latitude se trouvait exactement Budapest ou Scutari. Il lui posait des « colles », le déroutait, l'interloquait, le tournait et le retournait sur ses questions comme sur un gril, lui faisait bien entendre dans quelle maison sérieuse et grave il entrait, et *le Succès*, après n'avoir longtemps contenu que des rigodons, n'avait plus donné ainsi, brusquement, que des consultations diplomatiques. Les rares et vagues lecteurs qui l'avaient peut-être acheté au début, intrigués par les fameuses bandes polyglottes, et que toute cette avalanche de langues étrangères, depuis le basque jusqu'au japon, avait simplement conduits d'abord à lire l'histoire d'Anatole trompé par Ernestine ou d'Ernestine lâchée par Georges, n'entendaient plus parler maintenant que des traités de commerce et de M. de Bismarck ! Nous étions bien encore deux ou trois fantaisistes qui glissions là des chroniques, mais on ne faisait que nous tolérer, sans bien comprendre notre utilité.

— Allons, ricanait implacablement Peyramont, en voilà encore un qui fait des articles sur les théâtres !... Il doit aussi revenir de *chez* Pilsen, celui-là !... *Chez* Pilsen ! *Chez* Pilsen !...

Et il n'était plus question que de chancelleries, de protocole, d'États neutres, d'incidents de frontière, d'intérêts nationaux, de Bulgares, de Monténégrins, et dans une note impertinente, sur un ton casseur, à la Cassagnac et à la Rochefort. C'était une suite de cartels quotidiens adressés à des diplomates qui se trouvaient à deux mille lieues de là. Le rédacteur en chef du *Succès* le prenait avec les Excellences et les Majestés comme les échotiers du Boulevard le prennent entre eux, et tout se passait, seulement, en Irlande ou au Canada. Là où l'on avait lu, huit jours plus tôt : « J'entends les petits pieds de ma petite amie qui se dépêchent de monter en faisant : toc, toc, toc... », on ne lisait plus que des polémiques dans ce goût-là : « Si Sa majesté Britannique se figure que nous allons la laisser tranquille, c'est qu'elle ne nous connaît pas. »

Le Succès, néanmoins, malgré ces allures comminatoires et terribles, n'arrivait pas à ces tirages qui intimident les monarchies, ni même les Magasins de nouveautés. La « guigne » s'a chargeait, et le belliqueux Peyramont commençait à se décourager, car il allait bientôt devenir, à lui tout seul, son directeur, son administrateur, son caissier, son secrétaire, son vendeur, et peut-être même son lecteur. On criait bien sa biographie à la porte de l'imprimerie, mais c'était lui qui passait pour l'avoir faite. Un jour, enfin, il comprit que la retraite s'imposait, se décida à se démettre, et signa son abdication, devant le garçon de bureau en veston, dans la petite antichambre où clignotait le bec de gaz... Mais ce n'était là qu'une disparition transitoire, il songeait déjà à son retour de l'île d'Elbe, et ne tardait pas à reparaître avec *la Revanche*, feuille de combat, dans de magnifiques bureaux, sur la place de l'Opéra.

Et l'on faillit presque croire, en effet, à une revanche! Le titre, à lui tout seul, était déjà une trouvaille, et flamboya huit jours sur Paris. On l'afficha, on le cria, on le promena sur de longues files d'hommes-sandwichs... Mais tout à coup, hélas! tout fut encore perdu par un coup de grosse caisse de trop. La passion de Peyramont pour les Affaires étrangères s'était encore exaspérée dans la retraite, le « grain » avait encore grossi, et l'on apercevait, un soir, aux fenêtres du journal, cet extraordinaire transparent lumineux :

Un petit garçon en bourrelet, la culotte fendue, avec un bout de chemise lui pendant au derrière, plongeait son doigt dans un immense pot de confitures, et voulait l'en retirer pour le sucer... Mais une espèce de grand ogre maigre, éclatant de rire, avec des dents féroces, arrivait en même temps lui tirer les oreilles, et le marmot pleurait à chaudes larmes, en faisant d'horribles grimaces, sous la main du géant qui le corrigeait... Or, le bourrelet du moutard s'allongeait en forme de casque, on reconnaissait dessous une figure légendaire, et les deux personnages, d'ailleurs, se trouvaient désignés, chacun par son nom. On lisait, sous le petit garçon : *M. de Bismarck,* sous l'ogre : *M. Peyramont,* et, au-dessous du tout, cette légende :

A LA WILLEHMSSTRASSE

M. de Bismarck veut encore mettre ses doigts dans les confitures, mais un gros monsieur, fort heureusement, se trouve là pour l'en empêcher.

Cette fois, c'était bien le délire final, et *la Revanche*, hélas! fut, comme revanche, ce que *le Succès* avait été comme succès.

L'HOMME S'AGITE...

Tout le monde, ce jour-là, se disait dans les cafés :

— Tu as lu *le Matin ?*

— Oui..., oui... *L'Homme s'agite...*

Ou bien :

— Tu n'as pas lu *le Matin ?*

— Non... Qu'est-ce qu'il y a ?

— Ah ! lis *le Matin !...* Il faut lire *l'Homme s'agite.*

Ou encore :

— Mon cher, as-tu lu *le Matin ?*

— Oh ! oui, je l'ai lu !... *L'Homme s'agite...* Ah ! celui-là !

— C'est insensé !

— Il y a des gens qui vont redemander leur argent aux kiosques !

C'était un fou rire. A Tortoni, au Café Américain, au Café de Paris, dans tous les cafés de journalistes, on ne voyait que des gens qui riaient.

— Ah ! *L'Homme s'agite !*...

On se roulait.

Que se passait-il donc au *Matin*, et qu'était-ce que *l'Homme s'agite ?*

Le Matin, à cette époque, n'était pas encore le journal qu'il devait devenir, et son fondateur, M. Edwards, ne s'y trouvait pas le maître absolu. Il y partageait le pouvoir avec deux Américains, M. H... et M. P..., et l'entreprise, tiraillée d'une influence à l'autre, entre le parti Edwards et le parti américain, constituait une espèce de petite Espagne en chambre où sévissaient les *pronunciamientos*. Or, une révolution venait d'y éclater. Le parti Edwards, soit qu'on l'eût expulsé de force, soit qu'il se fût laissé expulser par calcul, avait brusquement cédé la place au parti américain, et les deux *managers*, M. H... et M. P..., s'étaient trouvés, un soir, à l'heure de leur dîner, dans l'obligation de composer leur numéro avec toute une nouvelle troupe, recrutée au dernier moment. En se retirant ainsi en masse, avec cette précipitation, le parti Edwards avait dû compter sur l'embarras où il allait nécessairement mettre l'autre, et toute l'ancienne rédaction était malicieusement revenue voir, sur les quatre heures du matin, aux soupiraux illuminés de l'imprimerie, si le journal paraissait... Mais un journal paraît toujours, et le numéro, tout humide, sortait victorieusement des machines. Les plieuses le froissaient sur leurs tables, les marchands et les marchandes en attendaient la livraison, et ce qui s'emportait ainsi par paquets, aux bras des camelots et des crieurs, dans le petit jour de la rue, c'était justement cet extraordinaire *l'Homme s'agite*, mis on ne sait comment en leader-article, dans la confusion de la bataille. Que pouvait bien contenir, d'ailleurs, *l'Homme s'agite*, pour justifier l'ahurissement qu'il allait produire? Je ne m'en souviens plus très bien. On rit souvent des grandes choses, et *l'Homme s'agite* en était peut-être une.

Tous les camarades, néanmoins, pensèrent pouvoir en conclure qu'il y avait de la place à prendre dans la maison, le bataillon des chroniqueurs s'y abattit dans les vingt-quatre heures, et j'y entrais moi-même, au bout de quelques jours, quand je reconnus, dans le rédacteur en chef...

Qui ?...

Alphonse Humbert !...

— Comment, c'est vous ?

— Moi-même !

— Et depuis quand ?

— J'arrive.

— Alors l' « homme s'agite » ?

— Oui, oui, me dit-il en riant, je crois qu'il s'agite un peu.

Et le fait est qu'on s'agitait prodigieusement chez MM. H... et P... On n'avait même jamais vu s'agiter autant. Les rédacteurs, sans doute, ne demandaient qu'à s'agiter le moins possible, mais l'administration n'était pas aussi paisible, et les rapports les plus étranges existaient entre elle et nous. Tous les employés en étaient Américains, pas un d'eux n'y disait un mot de français, et aucun de nous ne comprenait un mot d'anglais. Il en résultait des relations comme entre sourds-muets, mais comme entre sourds-muets ennemis. Les bureaux de la comptabilité étaient au troisième, les nôtres au second, et nous ne trouvions jamais devant nous, quand nous montions, que des figures américaines qui nous riaient au nez en américain derrière des guichets. Nous riaient-elles vraiment au nez, ou n'était-ce qu'une apparence ? Nous ne pouvions même pas le savoir. Etait-ce bien aussi de ce troisième, ou d'ailleurs, que soufflait le vent satanique dont les rafales bouleversaient la maison ? Nous ne pouvions pas le savoir non plus. Mais le vent soufflait, ne laissait jamais debout quinze jours un rédacteur ni un secrétaire de rédaction, et, plus les rédacteurs et les secrétaires de rédaction tombaient les uns sur les autres, comme dans une pantomime bien réglée, plus les Américains du troisième ricanaient derrière leurs grillages.

Il me semble encore sentir la température détraquante de ces petites pièces étouffées, et, sans doute, devait-elle-même contribuer au déséquilibrement des cervelles ! Le soleil dardait là toute la journée, et le gaz y chauffait toute la nuit, entre des murs gros comme des planches, dans des chambres grandes comme des boîtes. Un été d'orages continuels pesait sur nous par là-dessus, et chacun se dissolvait dans un état de nervosité moite où personne ne gardait même plus son gilet. Seul, le secrétaire de la rédaction, obligé à plus de tenue, conservait le sien, mais en le déboutonnant. Tous les autres circulaient en costume de garçons de bain, et c'était ainsi accoutrés, fondant en eau, ruisselant, les bretelles pendantes, qu'on recevait constamment les affolantes nouvelles qui renversaient l'un ou l'autre de son poste. On n'imagine pas de quelle façon énigmatique on vous faisait dégringoler de votre emploi dans cette chaleur sénégalienne. Quelqu'un, à chaque instant, essuyait comme un croc-en-jambe et semblait rentrer sous terre.

— Voilà ma copie, disait-on au secrétaire à qui on l'avait donnée la veille.

Mais il ne la prenait pas.

— Mon vieux, ça n'est plus moi.

— Ça n'est plus toi ?

— Non, c'est Chose.

Et le secrétaire de la veille, effectivement, était en veston et en chapeau, avec sa canne à la main, signe évident de son congé, tandis que Chose, au contraire, avait le gilet du pouvoir.

Combien de figures, en quelques semaines, nous passèrent ainsi sous les yeux à tous, les unes déconfites, les autres triomphantes!... Je ne pourrais même plus les compter, mais quelques-unes ne manquaient pas de relief, et notamment le « grand Maurel », un grand diable à barbe en fourche et à jambes de sept lieues, un excellent garçon, qui mesurait les articles avec un centimètre de couturière.

— Combien *faites-vous de paquets ?* vous demandait-il en feuilletant vos épreuves et en tirant son centimètre qui lui pendait sur les épaules... Attendez... *Vous en faites trois...* Le premier, vingt-cinq centimètres... Le second, trente... Le troisième, vingt-huit... En tout, quatre-vingt-trois... Ça pourra *aller à cheval entre la une et la deux.*

On avait engagé, comme nouveau *leader*, l'illustre M. Castelar, l'homme le plus éloquent d'Espagne, et nous attendions fébrilement sa première vaticination. Elle arriva, mais provoqua une certaine stupeur, lorsque le grand Maurel l'eut mesurée. Il aurait fallu, au bas mot, trois numéros pour la contenir, et la première phrase, à elle seule, remplissait une demi-colonne. C'était un peu long, et l'on se consulta. Mais comment faire? Tronquer l'article? Avec M. Castelar, le procédé était leste, et Humbert objectait très justement : « Si je m'appelais Castelar, j'arrangerais bien les gens qui tripoteraient ma copie! » D'accord, mais le moyen de ne rien « couper »?... Faire un supplément? Il aurait dépassé douze pages!... Donner l'affaire en feuilleton? Drôle de feuilleton!... Ne rien donner du tout? Impossible!... Publier des extraits? On retombait dans le « tripotage »!... Et le grand Maurel prenait et reprenait son centimètre, mais il avait beau le prendre et le reprendre, l'article ne raccourcissait pas. Même en remplissant deux pages, on n'arrivait qu'à six mètres de colonnes, et il en fallait au moins trente-six !

— Qu'on « coupe » ! recommençaient alors à proposer les uns.

— Mais non !... On ne peut pas « couper » Castelar !

— Alors, qu'on fasse un supplément !

— Un supplément pour une chronique ?

— Alors, qu'on flanque l'article en feuilleton !

— Ah ! non... Merci !... On a déjà assez ri pour *l'Homme s'agite* !

— Alors, qu'on lui renvoie son affaire, et qu'il la retourne « resserrée » !

— Il faudrait une semaine, et çà a déjà refroidi comme actualité !

— Alors, qu'il nous f... la paix !...

On s'y cassait la tête. Et l'article était annoncé, affiché, claironné, tambouriné depuis huit jours ! Et la fin d'une journée torride se combinait, dans nos boîtes, avec le ronflement d'une infernale chaleur de gaz ! On aurait bien ri au troisième, chez les Américains, derrière les guichets, à une heure administrative. Le grand Maurel, à minuit, mesurait encore Castelar !

Mais le grand Maurel ne devait pas nous mesurer longtemps, et nous le trouvâmes, un jour, lui aussi, le chapeau sur la tête et la canne à la main. Il n'était plus secrétaire... Pourquoi ?... Comment ?... On le savait peut-être au troisième, mais nous ne le savions pas au second. Ah ! cette chaise de secrétaire ! On en disparaissait vite, et je la revois aussi occupée par M. de Marthold, secrétaire élégant et ironiste. M. de Marthold, lui, n'avait pas de centimètre pendu au cou, mais une forte loupe à la main, et semblait toujours, à travers sa lentille, avec son œil de myope et sa petite moustache cirée, découvrir des bêtises dans les articles. Puis, M. de Marthold tomba aussi, nous reçut également, un après-midi, avec son habit et son chapeau, et le massacre continua.

M. H... et M. P..., dans cette extermination de rédacteurs, se montraient peu à la rédaction. Comme les directeurs de baraques foraines, qui se tiennent devant leur cirque ou leur panorama, la redingote boutonnée et le poing sur la hanche, ils se bornaient à stationner devant la porte de leur maison, au milieu des « bobines » et des « bouillons », et tous les deux avec beaucoup de dignité, M. H... en gants jaunes, luisant comme un carrosse, et M. P... en long paletot clair à taille. M. P..., cependant avait une habitude. Généralement « ému » après son dîner, il aimait alors à causer, et, tous les soirs, vers minuit, il arrivait, raide, cramoisi, tortillant le bout de sa moustache, tapotant du bout de sa canne les basques de son paletot, et demandait d'une voix profonde :

— Avez-vous pensé à faire un petit *editorio ?*

Il voulait dire « un petit *editorial* », ou les trente lignes anonymes qui formulent, d'habitude, l'opinion du journal sur le fait saillant du jour, et chaque soir, à la même heure, du même ton, dans la même pose, il faisait la même question. Arthur Heulhard, qui avait précédé Humbert dans la rédaction en chef, n'y avait jamais échappé, Humbert n'y échappait pas, et tout le monde, à minuit, en revoyant M. P..., savait ce qu'il revenait demander. Il entrait, saluait, se plantait contre une table, tortillait sa moustache, tapotait le bas de son paletot, et, de sa voix caverneuse, somnolent, congestionné :

— Monsieur Heulhard ?...
— Monsieur P... ?
— Avez-vous pensé à faire un petit *editorio* ?

Ou bien :

— Monsieur Humbert ?
— Monsieur P... ?
— Avez-vous pensé à faire le petit *editorio* ?

Ou bien :

— Monsieur Maurel ?
— Monsieur P... ?
— Vous a-t-on apporté le petit *editorio* ?

Ou bien :

— Monsieur Marthold ?
— Monsieur P... ?

— Le petit *editorio*?... A-t-on pensé, ce soir, au petit *editorio*?...

Cette visite nocturne de M. P... et son *petit editorio* étaient comme un refrain, un thème, un *leit-motif*, ce qu'on était toujours sûr de retrouver dans la chanson. Tout y changeait, mais le *petit editorio* ne changeait pas, et nous aurions pu le reprendre en chœur, tous les soirs, à l'arrivée de M. P..., lorsque M. P... lui-même, une nuit, ne parut pas...

Que se passait-il ? Quelque chose d'extraordinaire, évidemment !... Et Humbert, en effet, nous annonçait le lendemain :

— Je ne suis plus rédacteur en chef !
— Vous ?
— Moi !
— Mais pourquoi ?
— J'en ai assez !

Tout, pour la vingtième fois, se trouvait donc encore bouleversé dans la maison, et le nouveau secrétaire était notre collaborateur Fabert, un petit gros, sérieux, méthodique, à figure autoritaire et fleurie, à petits bras courts, avec une petite calotte, et les palmes académiques. Très poli, mais ne plaisantant pas souvent, le bon Fabert sentait le vent souffler en tempête autour de lui, et se promenait dans les bureaux d'un air grave, en tâchant d'apaiser la rédaction, plus houleuse encore que d'habitude, car une grosse nouvelle circulait dans le désarroi général.

Un nouveau personnage était littéralement tombé chez nous comme par la cheminée, et il ne s'agissait plus seulement, cette fois, d'un nouveau secrétaire ou de nouveaux rédacteurs en chef, mais d'un nouveau directeur, d'un nouveau propriétaire, et quelques-uns reconnaissaient, tout stupéfaits, dans ce directeur et ce propriétaire nouveau... qui ?... Lapérouse, de *la Liberté !* Un joyeux camarade, et même un joli garçon, mais qui, jusqu'à ce moment-là, n'avait pas paru *papable*. Il arrivait avec des projets monstres, et nous lui devions déjà Fabert. On ne voyait pas bien, seulement, Lapérouse en « acheteur ferme ». Il était trop malin, trop boulevardier, et nous le supposions, simplement, en pourparlers de sa façon. Il devait, pensions-nous, dire d'un côté aux Américains : « J'ai de l'argent, donnez-moi le journal », déclarer, de l'autre, aux capitalistes : « J'ai le journal, donnez-moi de l'argent », jouer les deux jeux, et chercher ainsi, en effet, à acheter le journal pour lui, mais en le faisant payer par d'autres.

Et les plaisanteries allaient bon train.

— C'est Lapérouse qui est directeur !
— Sérieusement ?
— Très sérieusement !
— Voyons, ça n'est pas de la blague ?
— Monte là-haut, et tu verras !
— Messieurs, intervenait alors Fabert tout en se promenant dans son gilet, et bourrant sa pipe avec son pouce, Messieurs, ayons de la tenue... Vous êtes un peu légers, permettez-moi de vous le dire... Pour la première fois que nous avons un homme sérieux...

Mais on ne le laissait pas achever, les plaisanteries couvraient sa voix, et il prenait le parti de se rasseoir, en protestant de ses petits bras.

— Mon cher ami, me dit-il un soir pendant que je corrigeais une épreuve, connaissez-vous Lapérouse ?

— Non.

— Je veux que vous le connaissiez... Il doit venir dans un moment, attendez-le... Vous le verrez, il est charmant !

Au bout de quelques minutes, un jeune homme bien mis, brun, joli garçon, l'air affairé, arrivait en se dépêchant. Il avait le chapeau sur l'oreille, deux yeux d'une malice gaie, une physionomie qui se moquait d'avance de ce qu'il allait dire, et il me déclara tout de suite, en venant à moi comme à une vieille connaissance :

— Mon cher ami, je suis enchanté de vous rencontrer... J'ai ma voiture en bas, et si vous n'avez rien à faire, je vous enlève, nous causerons... Une seconde pour voir si je n'ai pas de lettres, une autre pour donner un ordre, et nous partons...

— Eh bien ? me dit Fabert.

— En effet, charmant !...

— N'est-ce pas ?... Et très sérieux !... Très

sérieux!... A mesure que vous le connaîtrez...

Mais Lapérouse revenait déjà, et, toujours pressé :

— Eh! bien... Nous filons ?

— Filons...

Il me faisait monter dans sa voiture, m'emmenait, et me racontait en route qu'il avait quatre rendez-vous à la même heure, puis me parlait du *Matin*, m'annonçait son intention « d'en faire quelque chose », et finissait par demander :

— Eh! bien, et vous?... Et vous?... Voyons, quelles sont vos vues ?

— Mes vues ?

— Oui.

— Mes vues sur quoi ?

— Mais vos vues sur le journal !

— Sur *le Matin* ?

— Mais parfaitement !

—Ma foi! mon cher, lui dis-je, mes vues sur *le Matin*... Il me fait l'effet du journal des Hanlon-Lees. On y est administré comme par des clowns...

Il se mit à rire, et m'expliqua alors ses « vues »

à lui. Elles me parurent d'un ironiste, et il ne semblait pas, d'ailleurs, les prendre lui-même au sérieux. Puis, la voiture s'arrêta, il se trouvait à l'un de ses rendez-vous, et nous convînmes de nous revoir le lendemain. Il devait y avoir une réunion, et d'autres collaborateurs devaient venir.

Combien pouvions-nous être à cette seconde entrevue ? Je ne le sais plus exactement, mais j'y revois cependant Heulhard. Nous étions au journal vers les dix heures et demie, et Fabert, un instant après, nous disait en nous rejoignant :

— Vous attendez le patron ?
— Oui.
— Vous l'attendrez peut-être un peu longtemps...
— Ah ?...
— Oui, j'en ai peur.

Et le « patron », effectivement, ne parut guère avant minuit, entra d'un air pressé, s'excusa, et, nous secouant les mains :

— Pardon, mes bons amis, pardon, pardon,

pardon!... Je vous demande bien pardon, mais vous voyez un homme qui succombe sous les affaires, les courses, les rendez-vous... J'ai voulu tout expédier afin d'être mieux à vous... Maintenant, nous allons causer... Et où allons-nous?... Est-ce que vous ne trouvez pas que nous serions mieux au café?... Hein?... Ça n'est pas aussi votre avis?

— Mon Dieu !
— Oui, peut-être!
— Auquel? demanda l'un.
— Allons à l'Américain, dit un autre.
— Au Napolitain, dit un troisième.
— Vous tenez au Napolitain?
— Non, ça nous est égal...
— Et bien, alors, si ça vous est égal, reprenait Lapérouse, *et si personne n'a de café,* allons au Café de Paris. C'est le plus près, j'y dîne, on m'y connaît, et nous y demanderons un cabinet.

— Allons!...

Quelques minutes après, nous étions dans le cabinet, devant des boissons variées où plongeaient des pailles, et Lapérouse, posant ses coudes sur la table, et nous regardant bien dans les yeux, avec son air de rire :

— Eh bien, Messieurs, voyons... voyons... Maintenant, quelles sont vos vues ?

Mais Heulhard lui demandait, tout de suite :

— Pardon, Lapérouse, une petite question... à quel titre êtes-vous ici?... Êtes-vous un acquéreur?... Êtes-vous un directeur nommé par l'Amérique ?...

— Acquéreur, dit Lapérouse.

— Fort bien ! continuait Heulhard... Et, comme acquéreur, êtes-vous un acquéreur ferme?

Lapérouse, à cette question-là, avait un sourire, et convenait avec gaieté qu'il avait rendez-vous le lendemain pour verser les fonds.

— Fort bien, répondait encore Heulhard, notre religion est éclairée !...

Et les projets commencèrent à rouler. On révolutionnait tout, le reportage, les faits-divers, la critique dramatique. On parlait de « sang jeune et vivant » à « infuser », et l'on se proposait même de payer sa place au théâtre, « pour être plus indépendant ».

— Nous sommes des jeunes, que diable, faisons un journal jeune !

— Oui, oui, ajoutait-on, le journal est « gris ».

— C'est vrai, il est « gris ».

— Ne faisons pas « gris » !

— Il ne faut pas « faire gris » !

— Tous les journaux sont « gris »...

On se quitta avec la résolution de *ne pas faire gris*, et, le lendemain, dans la soirée, à l'heure fixée pour se revoir, Lapérouse arrivait avec une ponctualité militaire, mais nous prévenait, dès l'abord, toujours avec son air de rire, que la conclusion de la vente, décidément, était remise au jour suivant... Il y avait eu, au dernier moment, une petite difficulté...

— Mais ce n'est qu'un retard... ce n'est rien... et, demain sans faute, à midi...

Le lendemain, seulement, il y avait encore une petite difficulté, et le journal, à dater de ce moment-là, se trouva tous les jours à la veille d'être acheté le lendemain, toujours sans faute, et toujours à midi.

— Mes amis, nous répétait invariablement Lapérouse, avec ce brillant spécial qui lui miroitait dans l'œil, ce n'est pas encore pour aujourd'hui, il y a eu tout à l'heure *une petite difficulté*, mais ce n'est qu'un retard... ce n'est rien... et... demain sans faute... à midi...

On comprenait, et nous ne lui demandions même plus où en était cette vente-fantôme, lorsque le bruit, un soir, se répandit tout à coup qu'elle avait eu lieu... Il n'en était rien, et il en fut lui-même le plus surpris, mais cela nous redonna encore, malgré tout, et je ne sais comment, la rage de nous réunir. Et l'on se remit à rouler des projets, à prendre des rendez-vous au Café de Paris, devant des boissons avec des pailles dedans! La fameuse vente, seulement, se heurtait toujours à « une petite difficulté ». Nous en arrivions à ressembler à des gens qui auraient attendu le résultat d'une grossesse nerveuse, et qui l'auraient attendu dans les cafés, aux plus étranges heures nocturnes! On reprenait sans cesse des rendez-vous, on s'y mandait par dépêches, on y arrivait anxieusement, et l'on reparlait de « journal à faire », de « sang jeune » à « infuser », de la nécessité de ne pas « faire gris », et Lapérouse, à un moment, croisait toujours les bras, mettait les coudes sur la table, et demandait à quelqu'un :

— Et vous, voyons, quelles sont vos vues ?...

— Nos vues, avait fini une nuit par répondre Houlbard en tirant sa montre, c'est qu'il est l'heure d'aller se coucher !

Le journal, d'ailleurs, continuait à paraître comme un journal naturel. On vendait toujours dans les kiosques quelque chose qui avait quatre pages, qui s'appelait *le Matin*, et qui coûtait deux sous. Mais nous avions le sentiment de ne plus vivre que d'une existence fantastique, nous renonçâmes encore à nos conjurations de cabinet, et Fabert lui-même, un jour, nous parut tout bouleversé.

— Qu'est-ce qu'il y a, Fabert ?...

Il commença par ne pas répondre, et une

grande désillusion l'avait évidemment frappé. Mais on le poussa un peu, et il finit par nous dire, avec dignité :

— Messieurs, je croyais M. Lapérouse plus sérieux... *Il ne l'est pas !*...

Puis, il se ressaisit, bourra sa pipe, et s'écria virilement :

— Eh bien ! Messieurs, je n'en démords pas... Il y a *un journal à faire*... M. Lapérouse ne le fait pas, mais nous le ferons !

Et il nous annonçait, dès le jour suivant, en s'épongeant le front, dans nos quarante degrés en chambre :

— Messieurs, ça marche... Demain, à trois heures, soyez tous chez Schiller, faubourg Montmartre, dans la maison de *la Justice*.

On y était, mais le *journal à faire*, cette fois, fut bientôt « fait » et, lorsque l'excellent Fabert nous eut exposé les « espérances » qui formaient notre fonds de roulement :

— Messieurs, conclut Heulhard, je résume d'un seul mot le lumineux discours de notre ami Fabert, et l'état de notre caisse pour fonder le nouvel organo: *Nous n'avons pas de dettes!*

Ce fut un fou rire, et on en riait encore, une semaine après, quand nous apprenions, un après-midi, que... *M. Edwards était à son bureau !!!*

???...

Et il y était... Le « parti Edwards », expulsé trois mois plus tôt, venait d'expulser à son tour « le parti américain », le petit *Matin* disparaissait, et le grand *Matin* paraissait à sa place, avec bulletin de victoire, et salut au lecteur...

— Cher Monsieur, dis-je alors à M. Edwards, les vainqueurs paient-ils les dettes des vaincus ?

Il me répondit :

— Parfaitement !... Mais vous allez d'abord m'avouer une chose, c'est que les vaincus ne vous auraient probablement jamais payé.

— Très volontiers ! J'en conviens !

— A la bonne heure !... Et vous allez, ensuite, me donner un petit renseignement...

— Un petit renseignement ?

— Oui, quel était l'auteur de *l'Homme s'agite?*

— Ça, je ne le sais pas.

— Eh bien! je le regrette... J'aurais voulu le savoir!... Et combien vous doit-on?

— Trois chroniques.

— Voilà le bon, cher Monsieur... Et passez à la caisse...

PORTALIS

Le salon de la comtesse de B... n'a pas abrité toute la presse, mais il en a vu passer la plus belle partie, et la comtesse est peut-être la femme de France qui a le plus aimé l'esprit des journalistes. Jolie femme, elle l'était vraiment, et comme le plus fin, le plus menu, le plus délicat des bibelots. Elle était aussi fort bonne femme, et personne ne saura jamais tout ce qu'elle a protégé de gens de presse et de bas-bleus.

— Comment, me dit-elle un jour, vous ne connaissez pas Portalis?...

— Non, mais j'ai entendu parler de lui par un de ses amis.

— Par qui?

— Par M. de M...?

— Vous connaissez M. de M...?

— Je l'ai rencontré.

— Mais c'est un bandit, celui-là!

— En effet.

— Et que dit-il de Portalis?

— Il l'admire énormément, et le regarde comme un homme de premier ordre. Il le considère comme capable de faire facilement fusiller cinquante personnes tous les matins pour son déjeuner...

— Ça, c'est peut-être exagéré... Un homme de premier ordre?... Oui!... Quant à faire fusiller cinquante personnes pour son déjeuner tous les matins...

— Mais il y a, chère Madame, manière de fusiller et manière de fusiller. Il y a les coups de fusil à la caisse...

— Oui, me dit alors Mme de B... en riant, c'est vrai, il y a ceux-là... Mais c'est égal... Même entendu de cette façon-là... ce serait encore au moins exagéré... Et cependant... Tenez... Il y a tout de même peut-être un peu de vrai... Mais que voulez-vous?... Il est si intelligent!...

Ecoutez, je ne sais pas s'il a jamais fait fusiller personne pour son déjeuner, mais je veux vous faire dîner avec lui un de ces jours-ci...

Quelques jours plus tard, en effet, à l'heure du dîner, nous étions cinq ou six réunis chez la comtesse, et l'on attendait Portalis. Mais Portalis n'arrivait pas, et la comtesse finissait par s'écrier :

— Ah ! Il est assommant !... Voilà huit heures... Il ne vous en fait jamais d'autres... J'en suis bien fâchée pour lui, mais nous allons nous mettre à table...

Elle donnait en même temps l'ordre de servir, on passait dans la salle à manger, et nous allions entamer le potage, quand un grand monsieur mince, blond, le nez pointu et moqueur, à tournure d'Américain, avec un rire qui montrait les dents et où disparaissaient les yeux, entra derrière nous, vint tranquillement saluer Mme de B..., lui déposa sur la main un baiser d'une sonorité ironique, et, riant toujours, mais toujours raide, s'excusa d'une voix de basse-taille qui rappelait celle de Méphistophélès dans la scène avec Dame Marthe. Nous n'avions guère fait encore que déplier nos serviettes, mais nous aurions pu être au rôti que le nouveau venu n'en aurait pas été moins calme. Il vous rappelait le mot de Balzac : « Il n'y a que les rois, les voleurs et les filles qui soient toujours partout chez eux. »

— Enfin, lui dit Mme de B..., vous voilà !...

Portalis se remit à rire, s'excusa encore avec une intonation méphistophélique, puis nous salua d'un salut sec, nous regarda tous impertinemment l'un après l'autre, comme pour bien s'assurer, avant de s'asseoir, des visages qui se trouvaient là, prit sa place, et on dîna.

Il causait peu, ricanait, et s'en tenait à des réflexions énigmatiques, mais sa figure, ses rires, et même son mutisme, étaient prodigieusement expressifs. Je ne me rappelle pas une seule de ses paroles, mais je vois toujours devant moi, comme à la lumière d'un réflecteur qui en aurait fouillé tous les replis, les détails bizarres de sa physionomie. Le nez n'était pas seulement pointu, mais aigu, comme affilé, et légèrement bifurqué du bout, terminé par une petite fourche railleuse. Les yeux, extraordinairement cachés et enfouis, luisaient comme des pointes d'aiguilles sous des paupières en pochettes, où ils dissimulaient encore leur brasillement derrière un perpétuel clignement de cils, et la bouche, là-dessous, dans la barbe blonde, découvrait ces dents qu'on y remarquait tout de suite, de jolies dents, blanches et brillantes, fines comme des perles. Il avait, par là, quelque chose de Rochefort. C'était encore une figure qui s'éclairait par en bas.

— Vous avez vu ses yeux? me demanda à la fin du dîner mon voisin de table pendant que nous rentrions dans le salon.

— Si j'ai vu ses yeux?... Ma foi, non!... Il les cache tellement bien!... On ne sait même pas s'il en a.

— Eh bien! m'apprenait mon voisin, il en a d'énormes, mais on ne les voit que lorsqu'il est en colère. Alors, seulement, il les ouvre bien, et il les ouvre comme des brasiers, comme des portes de fourneau... L'autre jour, quelqu'un est venu le demander au journal. Je ne sais pas trop ce que lui voulait l'individu, et ce qu'il pouvait bien y avoir entre eux, mais on avait à peine introduit le bonhomme, que Portalis l'empoignait, le jetait dehors, le tirait sur le palier, le traînait jusqu'à la rampe, l'enlevait comme un paquet par-dessus la balustrade, vous le maintenait là suspendu dans l'escalier par le collet de son paletot, et lui demandait de quelle façon il avait envie de descendre… Je vous réponds qu'à ce moment-là il avait des yeux !… Et ils n'étaient pas petits !… Ils lui envahissaient la figure !…

Tout en écoutant l'histoire, je regardais le monsieur qui suspendait ainsi les gens dans les escaliers par le collet de leur paletot, mais il avait l'air fort bon enfant, et causait très tranquille, très familier, dans un petit groupe, à l'autre bout du salon. Il continuait, d'ailleurs, à parler lui-même assez peu, et riait toujours de ce rire particulier qui lui mettait comme un masque… Puis, je le perdis de vue un instant, et lorsque je me retournai pour le voir encore, il s'en allait... Il avait quitté la conversation, baisait discrètement la main de la jolie comtesse, et filait à l'anglaise, sans bruit et sans qu'on le vît.

— Eh bien! me dit Mme de B..., quelle impression vous fait mon ami Portalis?... Je sais bien que vous n'avez fait que l'entrevoir... Je regrette qu'il soit parti si vite, vous n'avez pas pu causer avec lui... Il est toujours comme ça... Il entre, sort, vous file entre les doigts... Mais il est si intelligent!... Enfin, voyons, votre impression!...

— Mon impression?
— Oui...

Elle était mêlée, mon impression... Et cet homme-là, en effet, était bien certainement « quelqu'un », mais quelqu'un d'inquiétant. Il était trop grand, dissimulait trop ses yeux, ricanait trop, parlait trop peu, passait pour trop courir les femmes après avoir trop couru l'Amérique, et faisait, avec tout cela, des articles trop sentencieux. Il y avait en lui du Satan et du

Yankee, du bellâtre et du conspirateur, du rastaquouère et de l'économiste... On se demandait ce que pouvait bien cacher au fond de lui-même, dans le creux de sa basse-taille, ce grand dépendeur de cervelas, venu du nouveau monde, et qui vivait dans le demi?

DÉPUTÉ-JOURNALISTE!

— Garçon, *le Tricolore*...

— *Le Tricolore*, Monsieur, nous ne l'avons pas.

— Comment !...

— Non, Monsieur.

— Mais vous devriez l'avoir !

— C'est vrai, Monsieur, mais nous ne l'avons pas... Nous l'envoyons acheter quand on nous le demande, mais la maison ne le reçoit pas.

— Et vous le demande-t-on un peu ?

— Mais quelquefois, Monsieur... ça arrive...

— Et votre patron, il est là ?

— Oui, Monsieur.

— Dites-lui de venir.

Un homme rasé comme un acteur, en jaquette et en cravate blanche, avec une serviette sous le bras, une aimable philosophie dans la figure, s'approchait alors du client, lui disait un « bonsoir » de connaissance, et ils échangeaint une poignée de main.

— Bonsoir, monsieur D...... Et comment allez-vous ?

— Mais pas mal, lui disait D...... Mais, dites-moi... Est-ce que vous ne recevez pas *le Tricolore ?*

— Mon Dieu ? non, monsieur D...... Mais, si vous le désirez...

— Mais non, mais non, voyons... Vous pensez bien que je l'ai lu !... Seulement, et sans vous faire de reproche, vous pourriez bien vraiment me faire l'amitié de le recevoir !

— Mais c'est entendu, monsieur D...... Vous pouvez m'inscrire pour un abonnement.

— Allons, vous êtes gentil... Maintenant, savez-vous ce que vous allez faire ?

— Non, monsieur D......

— Vous allez me prendre des actions.

— Oh ! pour ça, par exemple...

— Voyons, voyons... Ecoutez, écoutez-moi!....

— C'est que des actions, monsieur D......

— Mais écoutez-moi donc!

— Oui... Mais des actions!...

— Encore une fois, voulez-vous m'écouter?

— Mais je vous écoute, monsieur D...... Seulement, je vous répète que des actions...

— Allons, vous allez m'en prendre vingt!

— Monsieur D......, c'est impossible!

— Mon cher, impossible n'est pas Français!.. Et puis, encore une fois, voyons, vous connaissez bien ma situation, n'est-ce pas?... Je suis député, vous savez tous les services que je peux vous rendre... Tenez!... Vous ne seriez pas raisonnable...

— Mais, monsieur D......, je vous assure...

— Mais non, mais non, mais non!

— Mais, monsieur D......, je vous assure encore... Je ne dispose pas de la somme en ce moment...

— Alors, prenez-en dix!

— Mais dix non plus, monsieur D......!

— Alors, cinq !

— Mais cinq, monsieur D......, cinq... Mon Dieu, si je pouvais, ce serait avec plaisir... Mais cinq... je ne peux pas davantage !...

— Enfin, voyons, voyons, voyons... Alors, tenez, si cinq c'est encore trop, vous allez m'en prendre deux !... Là, là, voyons, deux !... Elles sont à cinq cents francs, ça vous fera mille francs !... Voyons, vous n'en êtes pas à mille francs !... Deux !...

— Allons, finit par dire le patron, va pour deux, monsieur D......, va pour deux !

— Mais oui !... Mais oui !... Allons donc !... Et je peux vous envoyer la quittance ?

— Mais quand vous voudrez, quand ça vous fera plaisir, monsieur D......

— Entendu ?

— Entendu...

Deux heures plus tard, le député-journaliste avait pris son café, poussait devant lui les bouffées d'un gros cigare, et l'on entendait tout à coup :

— Garçon, la note.

— Voilà, Monsieur.

— Et ce qu'il faut pour écrire.

— Voilà, Monsieur, voilà...

Et le directeur du *Tricolore* rédigeait la petite note ci-dessous :

Reçu de M. B... la somme de mille francs, montant de deux actions du Tricolore.

A ajouter :

Un abonnement, 15 francs.

A déduire :

Un dîner, 23 francs.

— Garçon ?...

— Monsieur, Voilà.

— Portez-moi ça à la caisse... *On n'a plus à me remettre que neuf cent quatre-vingt-douze francs..*

AME D'IVROGNE

C....... n'a laissé, dans les journaux, parce qu'on est toujours injuste, que la réputation d'un ivrogne extraordinaire, mais il valait mieux que cela, et mériterait même, comme le neveu de Rameau, dont il tenait un peu, qu'un grand écrivain étudiât ses hoquets, les ordures qui émaillaient sa barbe de bouc, et les poignées de main humides qu'il donnait, sans distinguer, par une manie fraternelle, à tout ce qui passait à portée de ses zigzags.

Il avait un ami, un ami intime, un vieil ami, qui habitait, avec sa famille, femme, enfants et belle-mère, dans les environs de Paris. Or, l'ami, un soir, venait de se coucher, quand il s'entendait appeler. Il était plus de minuit, et la voix partait de la rue... L'ami se levait, ouvrait sa fenêtre, et criait dehors :

— Qui est là?

C'était C......, C...... titubant, esquissant des demi-cercles et des arabesques, et demandant, d'une voix de rêve, l'hospitalité pour la nuit. Eût-il assassiné, on ne laisse pas, par une nuit d'hiver, un camarade en détresse. Aussi, l'ami descendait, allait ouvrir, réveillait la bonne, et faisait dresser un lit. Mais C...... grelottait, frissonnait, claquait des dents. Alors, on réunissait, pour le réchauffer, toutes les couvertures du ménage, on l'y enveloppait, on l'y frictionnait, on l'y dorlotait... Il y était bientôt douillettement endormi, et ne tardait pas à ronfler comme un juste.

Le lendemain matin, l'ami voulut voir C......, mais C...... avait disparu. Comment? A quel instant? On ne savait pas! Personne ne l'avait aperçu décamper. Seulement, pendant la journée, chacun commençait à se gratter dans la maison, et l'ami, la femme, les enfants, la belle-mère, la bonne, tout le monde avait des démangeaisons...

C...... leur avait laissé la gale.

Personne, autant que C......, ne paraissait

avoir le remords de ne pas rendre l'argent prêté. Il était profondément honnête, d'une honnêteté scrupuleuse, et, dès qu'il vous avait emprunté vingt francs, il commençait immédiatement contre vous une persécution des plus singulières :

— Dites donc, vous répétait-il partout où il vous rencontrait, vous savez, vos vingt francs... N'ayez pas peur, je vous les rendrai... N'ayez pas peur... N'ayez pas peur!...

Vous étiez alors un peu confus, et vous lui adressiez la prière de ne pas tant s'inquiéter lui-même. Vingt francs n'étaient rien, et vous étiez enchanté de lui avoir rendu ce petit service! Mais, quelques jours plus tard, vous le voyiez encore reparaître, et il vous disait de nouveau devant témoins :

— Vous ne tremblez pas trop pour vos vingt francs, au moins?... Tranquillisez-vous, vous savez... N'ayez pas peur... N'ayez pas peur!...

Cette fois, vous le félicitiez sur sa mémoire, et vous l'engagiez même à ne pas l'avoir si bonne. Mais vous le rencontriez encore quelque temps après, et il vous criait de loin, de façon que personne n'en perdît un mot :

—Dites donc ! dites donc ! Vos vingt francs !... Je n'oublie pas que je vous les dois... J'y pense toujours... Ne craignez rien, je vous les rendrai !... Ne vous désespérez pas !

Et le prêteur, au bout de six semaines, ne savait plus où s'enfuir dès qu'il apercevait C...... Il serait même allé jusqu'à lui donner cinq louis pour qu'il n'eût plus reparlé de ces vingt francs, mais C...... en reparlait toujours, C...... ne se fatiguait pas, C...... était infatigable, et lui clamait encore aux oreilles des mois après :

— Mais ne soyez donc pas inquiet comme ça ! Je sais bien que je les ai toujours, vos vingt francs !... Mais soyez donc tranquille... Je vous dis que vous les reverrez... Ils ne sont pas perdus !... Mais n'ayez donc pas peur !... Mais n'ayez donc pas peur !...

De sa personne, d'ailleurs, C...... était effrayant. Il se promenait dans des habits tout maculés de plaques immondes, ses pantalons avaient l'air de provenir du fripier de la Morgue, ses paletots vous le dénonçaient constamment comme venant de rouler par terre, et ses chapeaux vous le confirmaient. Il avait toujours, dans les cheveux, de la paille ou du foin, de la terre sèche ou des restes de légumes, tout un petit fond de hotte, et ne manquait jamais, dans cette toilette, de vous aborder en public, quand vous étiez avec une dame. Il se présentait avec un grand coup de chapeau, la bouche en cœur, et vous deviez, malgré tout, entrer en conversation ! Vous aviez beau vous sentir défaillir, la dame avait beau chercher ses sels, il le fallait ! Et il était charmant, d'une politesse exquise. Il trouvait tout de suite, et tout naturellement, des multitudes de points de rapport entre lui et vous.

— C'est très curieux, vous disait-il, c'est vraiment extraordinaire ! Nous avons absolument les mêmes goûts !

C..., un jour, descendait la rue des Martyrs, marchait difficilement, et ne sentait pas bon.

— Regarde donc ce monsieur, dit tout bas en passant une dame au monsieur qui lui donnait le bras, il a l'air... C'est comme si...

Mais si bas que la dame eût parlé, C...... l'avait entendue, et sans même la laisser achever, avec un salut profondément respectueux :

— Madame, vous vous trompez... Non, *ça n'est pas comme si !*

Un autre jour, il roulait sous une voiture, et tout le monde le croyait mort. On le relevait, on l'entourait, on voulait l'emporter dans une pharmacie, mais lui, très gracieusement, remerciait alors les personnes assez bonnes pour s'inquiéter de son état, tirait son carnet de sa poche, et, courant après la voiture dont le cocher tâchait de se sauver :

— Pardon, pardon, le numéro !... Le numéro ?... Le numéro ?...

Puis il allait, à son journal, faire un reportage sur son propre accident.

C...... allait souvent à la campagne, dans les environs de Paris, et quelquefois, là où il était, on voyait des chiffonniers et des rôdeurs en train de regarder dans un fossé. Ils faisaient des signes, s'exclamaient, lançaient des interpellations, et tout cela s'adressait toujours au fond du fossé, où ils jetaient en même temps des pierres... Or, ce qu'ils regardaient ainsi, et recouvraient, pour s'amuser, de boue et de cailloux, c'était C......, C...... voluptueusement vautré dans une ribote, et qui finissait par se lever. Il sortait de ses ordures, montrait sa tête de faune, s'en allait tout trébuchant, et retournait dans les cafés, où il arrivait se frotter à vous, tombait sur votre épaule, vous ricanait dans la figure, et vous emberlificotait dans ses circuits, comme dans un exaspérant macaroni.

— Ah! ça, lui avait crié un jour quelqu'un, est-ce que vous avez fini?... Est-ce que vous savez ce que vous êtes?

Mais C......, à cette insulte, avait eu un regard bienveillant, et, toujours titubant, de sa voix pâteuse, où il y avait un accent profond :

— Je ne sais pas ce que je peux être, avait-il dit en bavant, *mais je sais bien que j'embête les autres !*

Et le mot, dans son genre, était un mot de génie ! On n'en cite pas beaucoup qui suintent autant de cynisme, autant de sagesse méchante ! Et qui sait? La crasse de ce « publiciste » n'était peut-être que l'écorce d'une misanthropie en larmes !... Il y avait peut-être une histoire de femme, l'histoire d'un cœur pourri par sa blessure, dans la vie de ce polichinelle !

SCHOLL

Tout le monde connaît Scholl, et l'a vu aux premières ou aux assauts, avec son air « sous les armes », sa myopie menaçante, sa rosette et son gros monocle. Les trois quarts des mots heureux qui courent Paris se retrouvent dans ses quarante ans de chroniques, et il est bien vraiment l'homme de journal le plus originalement spirituel que nous ayons eu, violent, léger, brillant, hypocondriaque et drôle...

Quand vous demandez à Scholl comment il a débuté, il vous répond simplement :

— Au lycée, en 1849, dans *l'Écho Rochelais*... Un roman, soixante feuilletons : *Le Comte de Blangis, histoire d'une infamie.*

— Et cette infamie ?

Scholl s'ajuste alors son monocle sur l'œil,

et, fronçant le sourcil, avec un geste d'oubli total:

— Je ne me rappelle même plus de quoi il pouvait être question...

Ce *Comte de Blangis* n'en était pas moins le premier pas dans le journalisme, et le premier pas dès le collège, car Scholl, dès sa rhétorique, ne rêvait déjà que feuilletons, échos et chroniques. Il envoyait, en philosophie, des « mots de la fin » au *Corsaire*.

— Comment! lui disait son père, qui était notaire à La Rochelle, tu veux t'en aller à Paris pour crever de faim, quand tu as six mille francs de rente toutes trouvées dans mon étude...

— J'aime mieux Paris, disait Scholl.

— Comme tu voudras!... Mais je ne t'y ferai pas un sou...

— Ça m'est égal, répétait Scholl, j'aime mieux Paris...

Malgré tout, cependant, le père Scholl payait le voyage, et finissait même, en conduisant son fils au coche — car c'était encore le temps du coche—par lui promettre une petite pension mensuelle. Puis, le coche partait, et, quelques semaines plus tard, en plein mois d'août, à l'époque où Paris est presque désert, Aurélien y débarquait, tout impatient de s'y voir, avec une lettre d'introduction auprès d'un vieil acteur nommé Drouville. Ce Drouville habitait le quartier du Château-d'Eau, et Scholl, immédiatement, allait chez lui, sonnait, se faisait annoncer, lui demandait ce qu'il fallait faire, où il fallait loger, et Drouville, sans sourciller :

— *Si vous voulez faire du théâtre, logez-vous dans ce quartier-ci...*

Mot de boulevard, et qui, dès le premier jour, tombait dans la cervelle de l'homme qui devait être le roi du boulevard ! Et Scholl, sans hésiter, se logeait, en effet, dans ce quartier-là, louait une chambre meublée rue du Château-d'Eau même, et, le soir, couchait enfin sous un toit parisien... Au milieu de la nuit, seulement, il était réveillé par des démangeaisons, allumait sa bougie, et que voyait-il?... Des petites bêtes plates qui couraient sur les draps, et qui ressemblaient à des lentilles. Il n'en avait pas encore vu, mais il avait entendu parler d'elles, et sautait vite de son lit, brusquement pris d'horreur pour le quartier où il fallait loger pour faire du théâtre. Le jour, d'ailleurs, commençait à se lever. Il s'habillait, descendait, et demandait la porte. Mais toute la maison dormait. On y était sans doute habitué aux lentilles qui avaient des pattes... Personne ne répondait... La porte ne s'ouvrait pas... Alors, il appelait de nouveau, cognait au carreau de la loge, et y apercevait enfin, dans le demi-jour... la fille du concierge qui allait toute nue tirer le cordon...

— C'est la vie de Paris qui commence, pensait Scholl en gagnant la porte.

Une seconde après, il se retrouvait dans la rue... Mais tout y était fermé... Personne... Pas un fiacre... Pas même un ivrogne... Pas même une balayeuse... Il avait sommeil... Il y avait là un banc: il s'y coucha... La vie de Paris continuait...

Il y eut bien vraiment sous l'Empire, il faut le croire, un moment où la presse n'eut pas tout son franc-parler. Interdiction de faire de la politique ! Pas d'attaque détournée aux pouvoirs établis ! Pas de chronique, de fantaisie, de caricature, de légende, de mots trop impertinents ! Rien de la liberté, ni de la cohue qui en résulte. Il existait pourtant des journaux, mais en petit nombre ; la presse était un salon au lieu d'être une place publique, et un article bien fait, une indiscrétion amusante, une critique juste, avaient toujours alors leur prix. On parlait pendant quinze jours d'une bonne étude littéraire ou d'un bon dessin, et l'on s'ingéniait d'autant plus, pour attirer l'abonné, qu'on en avait moins les moyens. Il fallait être fin, adroit, fantaisiste, inventif, et Scholl, à ce moment-là, donna, dans *la Naïade*, le dernier mot de la singularité. Un journal, quand on se baigne, est incommode. Il tombe dans l'eau, s'y met en pâte, et vous y déteint dans les doigts. Ou vous apporte bien un pupitre, mais le pupitre n'empêche rien, vous gêne, et finit même par s'effondrer sur vous. *La Naïade, journal des baigneurs*, supprimait ces inconvénients ! Elle était imprimée sur une feuille de caoutchouc, à la fois gazette et serviette, l'encre n'en déteignait pas, et vous pouviez, à volonté, la laisser traîner dans le bain, l'y reprendre, l'y tordre, l'y redéployer, et vous essuyer même avec. Et tout ce qui plaît ou instruit vous était agréablement servi sur ce journal-essuie-mains : contes, chroniques, articles d'art, échos, bons mots, bruits de coulisse, poésies, rébus! On tirait *la Naïade* de l'eau pour y lire l'article de tête, on l'y laissait recouler pour barboter un instant, puis on la repêchait pour les maximes ou le feuilleton. C'était précieux. Et quelle clientèle sûre, bien définie, facile à recruter! Le placier entrait dans l'établissement, se mettait au bain, sonnait, et, immédiatement :

— Garçon, *la Naïade*.

— *La Naïade*, Monsieur ?

— Oui, *la Naïade* !... Comment ?... Vous n'avez pas *la Naïade* ?...

Et tous les établissements de bain avaient *la Naïade*. Elle était dans toutes les baignoires.

Combien vécut *la Naïade* ?... Deux ou trois ans plus tard, elle surnageait peut-être encore dans quelques maisons, mais Scholl n'en était plus. Il faisait les « Coulisses » au *Figaro*, et habitait, rue Laffitte, un appartement d'homme arrivé.

— Vous logez rue Laffitte? lui avait demandé Villemessant.

— Pas encore, lui avait dit Scholl, mais je compte y loger.

— Et qu'attendez-vous ?

— Des meubles.

— Comment !... Vous n'avez pas de meubles ?... Eh bien, je vous ouvre à la caisse un crédit de cinq mille francs pour vous en acheter... Allez, vous êtes meublé...

Les temps difficiles étaient passés, et ils étaient même loin! Nadar venait de publier son « Panthéon », où figuraient tous les contemporains notoires. Têtes de monstres et corps d'insectes, barbes incultes et mentons rasés, fronts de penseurs et bouches de satiristes, moustaches militaires et favoris d'hommes de loi, toutes les physionomies de l'époque y défilaient. Et qui apercevait-on, au milieu de la mascarade, au centre de la procession qui tournait en se mordant la queue? Un petit Scholl, monocle à l'œil, et qui jugeait le défilé, narquoisement assis sur la « caisse ».

La « caisse »! C'était, à ce moment-là, une assiette assez rare pour un journaliste, et Scholl devait être content du siège. Il n'avait plus seulement de l'esprit, mais de l'esprit qui se payait cher, qui avait cours, et, rien qu'à en avoir, il gagnait, pour ses débuts, ses douze ou quinze mille francs par an. Où étaient les craintes du père Scholl, et ses « six mille francs de rentes toutes trouvées »? Que pouvait-il bien penser de son fils, lorsqu'il l'apercevait, aux devantures des libraires, assis sur la « caisse », dans le Panthéon-Nadar? C'était précisément ce qu'Aurélien voulait savoir, et il allait, un été, passer les vacances dans sa famille, à Bordeaux. Il retrouvait là des amis, s'en faisait de nouveaux, et déjeunait, un jour, au *Chapon Fin*, avec un certain M. B..., le pa-

tron des *Cent mille Paletots*, quand M. B....
lui demandait tout en déjeunant :

— Ah çà ! vous qui connaissez tout Paris, y connaissez-vous un certain Osiris ?

— Osiris? répondait Scholl. Mais je ne connais que lui.

— Est-ce qu'il est bien dans ses affaires?

— Si Osiris est bien dans ses affaires?... Fichtre !... Mais tout à fait bien !... Il doit bien avoir aujourd'hui dans les trois ou quatre millions.

— Trois ou quatre millions ?

— Mais parfaitement !

— Diable!... Et qu'est-ce qu'on dit de lui ?... Il est gentil garçon ?

— Mais très gentil garçon !

— Il ne fait pas trop le fier ?

— Mais non, pas du tout !

— Il a raison, ça ne lui irait pas.

— Ça ne lui irait pas ?... Pourquoi donc ça ?...

— Mon cher, lui racontait alors M. B...., tel que vous me voyez maintenant moi-même, à la tête d'une grosse maison, j'ai commencé dans une baraque, et les *Cent mille Paletots* d'il y a dix ans n'étaient pas, il s'en faut, les *Cent mille Paletots* d'aujourd'hui... Je vendais en plein air, comme à la foire, on essayait les paletots sur une estrade, et toutes les fois que j'en avais vendu un... rrran... un roulement de tambour... Et savez-vous qui j'avais pour tapin ?...

— Non.
— Osiris !
— Osiris-Iffla ?
— Osiris-Iffla !
— Eh bien, dit Scholl, le tambour a fait son chemin.
— Oui, mais c'est égal !... Trois ou quatre millions !... Moi qui le vois toujours là... Allez, un paletot de vendu !... Rrran...

L'histoire, à la rentrée, avait un succès fou dans les « Coulisses » du *Figaro*. Mais le « tambour » se fâchait, il y avait échange de témoins, rencontre, et Scholl égratignait Osiris à la main...

Le soir même, Villemessant courait à la

recherche du « coulissier » triomphant, et finissait par le relancer chez Grossetête, où il le trouvait dînant avec mademoiselle X... Il entrait sans façon, s'asseyait, prenait le café, causait de l'affaire, la déclarait « excellente pour le journal », se levait, s'en allait, félicitait encore Scholl, et laissait, comme compliment, cinq cents francs dans une assiette.

Un mois plus tard, les combattants s'étaient réconciliés. « Le tambour » avait réfléchi, s'était dit qu'après tout l'histoire n'était que flatteuse, et ne manquait plus ensuite, chaque année, d'envoyer une caisse de son fameux vin de La Tour Blanche à son « coulissier », en souvenir de ses « coulisses ».

Vous avez lu les *Quarante Médaillons* de Barbey d'Aurevilly !... Scholl aurait encore eu là, s'il l'avait voulu, et si l'on n'était pas, dans la presse, aussi discret qu'indiscret, un joli sujet de « coulisses ».

Il avait fondé *le Nain Jaune*, et y recevait, un jour, la visite d'un monsieur qui lui remettait un manuscrit. C'étaient les quarante portraits des quarante académiciens, les « Quarante », et traités avec une vigueur magistrale, mais dans une note si féroce que Scholl dit à l'auteur :

— Admirable, mais impossible !... Ces portraits-là ne pourraient paraître que sous une signature autorisée, et, comme vous tenez certainement à signer...

— Mais non ! disait le monsieur.

— Vous n'y tenez pas ?

— Mais pas du tout !... Je signerai si vous le voulez, mais je ne signerai pas si vous ne le voulez pas.

— Alors, dit Scholl, je vais chercher quelqu'un...

Et il lisait, le lendemain, les *Quarante Médaillons* à Théophile Silvestre, l'admirable écrivain des *Peintres français*.

— Eh bien ? lui demandait Scholl après la lecture.

— Superbe ! disait Silvestre.

— Veux-tu signer ?

— Ah ! non, merci !... J'ai demandé l'autorisation de faire un journal politique, et on me l'a promise, mais à la condition que je serais sage... Mais toi, pourquoi ne signes-tu pas ?

— Oh! moi, répondait Scholl, je suis déjà cité à chaque instant au parquet pour un article ou pour un autre... J'ai déjà des ennemis de tous les côtés... Je ne veux pas m'en faire quarante de plus d'un seul coup !...

Les signataires, décidément, ne foisonnaient pas... Mais on avait compté sans Barbey d'Aurevilly, à qui Scholl finissait par lire aussi les fameux *Quarante médaillons*.

— Eh bien ?

— Magnifique ! s'écriait Barbey.

— Et vous signez ?

— Quand on voudra...

Et Barbey prenait le manuscrit, l'emportait chez lui, y rajoutait, l'aggravait, y mettait son burin, le marquait de son encre, le transformait, et les *Quarante médaillons* paraissaient, triomphalement signés de lui.

C'est à cette époque du *Nain Jaune* que

Scholl est vraiment devenu l'homme d'esprit de Paris, et non seulement dans ses articles, mais dans la vie, dans le monde, au café. Il en a laissé comme une légende. Et que ne raconterait pas « le guéridon de Tortoni », si on y avait mis un phonographe! Quel guéridon, et quelle somme fantastique un Anglais n'en aurait-il pas donnée! Il aurait pu, ensuite, l'emporter dans ses brouillards, il y aurait retrouvé pour toujours, rien qu'en y appliquant l'oreille, tout un âge du Boulevard, tout un coin parisien!

— Comment faut-il vous appeler? y demandait un jour Scholl au capitaine Maujan qui venait de fonder *la France Libre*, et qui portait, ce jour-là, une magnifique redingote à revers de soie, toute flambante-neuve, qu'il devait mettre pour la première fois... Faut-il vous dire « monsieur Maujan », ou « mon capitaine »?

— Dites « Maujan » tout court, répondait Maujan.

— Eh bien! mon cher Maujan, lui disait alors

Scholl en remarquant la redingote neuve et en y lançant un coup de monocle, ne tachez pas les revers de cette belle redingote, vous augmenteriez les frais de *la France Libre!*

On s'est demandé souvent pourquoi on ne publiait pas *l'Esprit de Scholl*... On le fera, mais tous les ramasseurs de « mots de la fin » perdront ce jour-là leur gagne-pain. Et Scholl le sait, et veut rester la providence, le salut, le pélican des échotiers... « Monsieur, lui écrivait mélancoliquement un correspondant, je relis au bas d'un de vos articles un mot déjà publié par vous dans l'un de vos anciens journaux, et cela m'a valu des ennuis dans le journal où je collabore. Je l'y avais déjà replacé moi-même... Puis-je vous demander, Monsieur, si ce n'est pas être trop hardi... »

— Et voilà où j'en suis! bougonnait Scholl en me racontant l'histoire. Je ne peux plus même reprendre mes vieux mots!

— C'est drôle!

— Eh bien! non, ça ne l'est même pas.... La lettre est là, elle est triste...

UN ENFANT DE LA BALLE

N..... était de ces hommes de presse qui manient beaucoup d'argent. Il tenait, comme on dit, un état de maison, et sa femme était charmante, bien qu'elle ne fût pas la sienne. La fausse madame N..... était une belle « intellectuelle ». Elle avait de l'esprit, des goûts esthétiques, de jolis yeux noirs, et s'était fait, de son petit hôtel, un cadre aussi joli qu'elle. Elle n'avait pas, toutefois, toujours vécu dans ce cadre-là, et je ne la revoyais jamais dans son atelier-salon, entre sa bibliothèque tournant et son paravent, sans me rappeler de vieux souvenirs où se mêlait une certaine mélancolie.

Tout à fait à mes débuts, ou peut-être plutôt même avant, j'apportais souvent des articles à une petite revue littéraire, imprimée sur la rive droite, et dont les bureaux étaient dans une logette de correcteur perchée presque sous les combles, au-dessus des machines de l'imprimerie. Cette logette avait bien sept pieds carrés, contenait une vieille table d'où s'élevaient des casiers, une chaise, et vous étiez reçu là par un grand et gros homme aimable, un géant bonhomme et poli, installé dans un vieux fauteuil de cuir crevé, où ses moindres mouvements imprimaient à la case un inquiétant ébranlement. On le trouvait toujours occupé, dans cette niche, à l'expédition d'écritures pressées, griffonnant des lettres, marmottant des calculs, les manchettes et le devant de sa chemise tachés d'encre, coiffé d'une vieille casquette de voyage dans laquelle il se donnait impatiemment des coups de poing, et ne cessant pas d'envoyer en course un petit garçon bègue à menton de galoche, qui avait d'assez beaux yeux noirs.

— Victor, lui disait-il en le bousculant, tiens, porte vite encore cette lettre… Va, cours!…

Et Victor, qui était le fils du grand et gros

homme, partait en courant, dégringolait l'escalier de meunier qui descendait de la logette, revenait un moment après tout haletant, et son père lui disait de nouveau, sans lui donner le temps de souffler :

— Tiens, porte-moi vite encore ce cliché !... Et dépêche-toi, nous sommes en retard... Cours, cours...

Et le pauvre Victor partait, revenait, et repartait ainsi continuellement. Son père, quelquefois, lui accordait un répit, et Victor, alors, s'asseyait dans un coin, sur un tas de « bouillons », entre la table et la cloison, mais le répit n'était jamais long, et le géant ne tardait pas à le renvoyer en expédition en le rebousculant de plus belle :

— Allons, allons, allons ! Mais dépêche-toi donc !... Mais dépêche-toi donc vite de porter ça !... File !...

Ce géant écrivasseur et affairé, qui dirigeait si laborieusement la petite revue, et faisait si terriblement trotter son fils, était un nommé H......, très brave homme d'ailleurs, mais l'incarnation même de la vie paradoxale, et dont on ne pouvait guère soupçonner l'existence prodigieusement ballottée en le voyant dans cette logette, avec sa vieille casquette, au milieu de ses griffonnages. Il tenait un peu de l'homme chimérique et exhubérant qu'était Balzac. Comme lui, il avait, au physique, quelque chose de l'éléphant, et vivait de projets extraordinaires, d'illusions et de chimères ahurissantes. Sa fantaisie s'était d'abord exercée en province, dans des conceptions agricoles où il s'était ruiné, et dont la moins étonnante avait été l'invention d'un consommé au sainfoin pour les bestiaux. Il était ensuite venu à Paris, et s'y était lancé dans des entreprises d'art et de commerce. Il avait édité des aquafortistes, écrit des pièces, composé des pantomimes, fait du théâtre, du courtage, des romans, de la librairie, et fini par diriger la petite revue où je le rencontrais. Il y avait, d'ailleurs, dans ce que ses innombrables métiers lui laissaient ainsi le temps d'écrire, le don d'une facilité particulière : une prose aimable et flexible, une espèce de polissonnerie patriarcale, et cette licence bénisseuse, dans laquelle excellaient les grands indulgents du xviii° siècle. Il parlait comme eux, sentait comme eux, pensait et contait comme eux. On voyait un gros homme pressé, barbouillant on ne sait quoi sur du papier de commerce, au milieu de boîtes à fiches et de bordereaux, comme un négociant surmené qui a peur de manquer le courrier, et l'on se demandait ce qu'il écrivait-là ?... C'était des contes légers, d'un érotisme doux, ou des lettres intimes, d'une fluidité spirituelle, qui ne remplissaient jamais moins de cinq ou six pages, et dont il inondait, du matin au soir, tous les gens qu'il connaissait plus ou moins. Il était certainement le plus grand épistolier de France. Ah! ces lettres! C'était une pluie! Et tout le monde la recevait, surtout les femmes! Car il était aussi grand coureur de jupes, et toujours papillonnant. Jeunes, vieilles, mûres, laides, belles, jolies, il aimait, désirait, admirait, confondait tout, et le pauvre Victor, avec son bégaiement et son menton de galoche, n'allait certainement pas en course pour porter uniquement les épreuves chez les auteurs.

Presque chaque semaine, pendant huit ou dix mois, j'avais ainsi vu H....... Ensuite, la petite revue avait disparu, comme disparaissent toutes les revues du même genre, et je ne l'avais plus rencontré que de loin en loin.

— Eh bien, lui disais-je alors, qu'est-ce que vous faites ?

Il me répondait :

— Du roman.

Ou bien, il tirait un échantillon de sa poche, et m'annonçait en le glissant dans la mienne :

— Mon cher ami, la littérature chôme... Je représente, en ce moment, une grande maison de rhums et d'eau-de-vie...

— Et Victor ? lui avais-je aussi demandé quelquefois.

Il m'avait dit :

— Il est soldat...

Comment donc, au bout d'une dizaine d'années, et cinq ou six ans après l'avoir complètement perdu de vue, avais-je encore retrouvé son souvenir aux soirées de N.....? De la façon la plus simple : la jolie madame N..... était sa fille, et la revue, l'imprimerie, la logette branlante, le misérable Victor dégringolant l'escalier, je revoyais tout cela en voyant madame N....., au milieu des bibelots de son atelier-salon!

Qu'était, d'ailleurs, devenu son père, dont elle ne parlait jamais, et dont je ne lui parlais pas?... La réponse à cette question m'arriva un jour assez singulièrement, à l'instant où j'y pensais le moins...

Un après-midi, j'entendais sonner chez moi. J'étais seul, j'allai ouvrir, et un jeune homme à l'air malheureux, un pauvre diable horriblement minable, me disait bonjour en m'appelant par mon nom.

Il me semblait l'avoir déjà vu, je le regardais avec attention, et il finissait par me dire en bégayant :

— Vous ne me reconnaissez pas?...

C'était Victor !...

On était en hiver, il y avait un demi-pied de

neige dans les rues, et le malheureux Victor n'avait, pour tout vêtement, qu'un vieux veston d'été, un pantalon troué, et un anachronique chapeau de paille. Il sentait la famine et le vagabondage, le pavé et le refuge de nuit, me regardait en tortillant son chapeau, puis se mettait tout à coup à suffoquer, et sanglotait en tirant une lettre de sa poche :

— C'est une lettre de mon père que je suis venu vous apporter.

Je reconnus tout de suite l'écriture. Elle avait pris quelque chose de tremblé, mais le style n'avait pas changé, et c'était bien toujours l'insouciant et prolixe H...... d'autrefois. Il me racontait des infinités de choses, philosophait, galantisait, me parlait de femmes, m'annonçait dans tout cela qu'il était paralysé, et me demandait, en terminant, si je ne pourrais pas trouver une place pour son fils.

— Ton père est paralysé? dis-je alors au pauvre garçon.

Il sanglota encore :

— Oui !

— Et toi, tu voudrais une place ?

— Oui !

Il pleurait comme un enfant, puis il se baissa tout à coup, retroussa le bas de son pantalon, et, me découvrant une cheville grosse comme un boulet :

— Tenez, Monsieur, tenez !... J'ai été au Tonkin, et j'ai reçu une balle dans le pied... Maintenant, je suis chez un patron où je porte des journaux dans une petite voiture... Mais mon pied me fait trop souffrir !... Quand il y a de la neige... ça me fait trop mal !... Si vous pouviez me trouver une place, Monsieur !... J'ai ma petite voiture en bas, mais je ne peux plus marcher, je ne peux plus !...

Je ne savais quoi lui répondre, et j'éprouvais un affreux serrement de cœur. Une place ? Laquelle ? Comment ? Chez qui ?... Le mieux était de lui donner un secours, et j'allai le lui chercher. Il le prit, me remercia, regarda ce que je lui mettais dans la main, et me dit ensuite, en riant tout à coup d'un rire enfantin, et comme tout regaillardi :

— Ah! ah!... Vous rappelez-vous, Monsieur, dans le temps, quand vous veniez à l'imprimerie?... Ah! ah!... J'en ai fait, de ces courses, j'en ai fait!... On peut vraiment dire que j'en ai fait!... Et tous ces messieurs, les voyez-vous toujours?... Ah! ah!... Ils ont fait du chemin, depuis ce temps-là!... Et ma sœur... Ah! ah!... Hé! hé!... ma sœur, Monsieur, ma sœur!... Savez-vous qu'elle a divorcé, ma sœur?... Ah! ah!... Hé! hé!... Et puis, elle s'est mise avec M. N..... Avec M. N..... Ah! ah!... Hé! hé!... Mais je ne vais pas la voir... Je ne peux pas...

Il commençait à me gêner sérieusement, mais il s'arrêta court, cessa de rire, et, se remettant subitement à pleurer:

— Et puis mon père, Monsieur!... Mon père... Bientôt, je ne vais plus le voir non plus!

— Tu ne vas plus voir ton père?

Il se mit alors à pleurer plus fort:

— Mais non, Monsieur... mais non!..

— Mais pourquoi?

— Il va se marier!

— Ton père ?

— Mais oui !... Et avec une jeune fille, Monsieur !... avec une jeune fille !... Et ces jeunes filles sont si fières !

— Mais il est paralysé !

— Oh ! ça ne fait rien, ça, Monsieur, ça ne fait rien !

Et il sanglotait en étouffant :

— Il va se marier, la semaine prochaine, avec la rédactrice en chef du *Cerf-Volant !*

AUTRES FÊTES

Ancien proscrit de Quarante-huit, ancien proscrit de Cinquante-et-un, ancien proscrit de Soixante-et-onze, et, pour tout dire d'un mot, ancien proscrit de profession, le père L... dirigeait une feuille austère où personne n'était payé. Le vieil apôtre, en revanche, vous invitait à ses vendredis, — car il avait ses vendredis, — et la mère L... et lui vous y régalaient, sur les onze heures, de certains petits gâteaux secs, régulièrement humectés d'un petit reginglet couleur de limonade, qu'on appelait, dans la famille, « le petit vin blanc de Mme L... ».

Un vieillard superbe, d'ailleurs, le père L..., avec une magnifique barbe de neige, mais d'où il vous soufflait, en vous parlant, comme une odeur avancée, en rapport avec ses idées !

Le père L... avait donc ses vendredis, et Mme L..., une ancienne blonde couperosée, en faisait plantureusement les honneurs. On se débarrassait de ses paletots sur le palier, entre les mains d'une bonne à figure opprimée, qui vous remettait, pour le vestiaire, des numéros collectionnés dans les bureaux d'omnibus. Puis, on pénétrait dans un appartement bas, où s'empilait un monde mêlé. Il y avait là, du côté des hommes, des jaquettes et des vestons, des redingotes fatiguées, et quelques habits noirs. Dans le camp des femmes, les dames et les demoiselles avaient généralement les bras rouges, d'autres l'air de quakeresses, et d'autres des figures à venir de la *Boule Noire*. Quant à Mme L..., on la retrouvait toujours sanglée dans une éternelle robe vert tendre dont les bruissements étaient excessifs, et le père L..., lui aussi, avait invariablement la même tenue : longue redingote de pasteur protestant, cravate blanche flottante, souliers découverts à élastiques, et pellicules sur le dos. Il vous recevait en vous serrant onctueusement les mains, les gardait un instant dans les siennes, vous souriait en fermant les yeux, et vous envoyait à la figure une chaude bouffée de son haleine, qui partait du fond du cœur. On causait « comité », « république, » « révolution », on s'appelait « cher citoyen », et les conversations affectaient une décence que semblaient démentir, jusque parmi les mères, certains yeux meurtris et flamboyants de personnes mûres. Puis, quand onze heures sonnaient, le vieux proscrit venait à vous, prenait un petit air papelard, vous enveloppait d'un effluve, et vous disait, très affable :

— Voilà l'heure du petit vin blanc de Mme L...

Et il vous racontait, en même temps, comment ils le récoltaient dans leur propriété des Charentes, précisait bien qu'ils le faisaient eux-mêmes, qu'ils savaient « ce qu'il y avait dedans », et s'écriait en frappant dans ses mains :

— Allons, allons, à table, à table !... Qui veut du petit vin blanc de Mme L..?

Il passait ensuite dans la salle à manger, s'y installait avant tout le monde, introduisait sa serviette dans son gilet, étalait sa barbe dessus, et répétait, une bouteille à la main :

— Allons, allons, allons !... Qui veut du petit vin blanc?... Qui veut du petit vin blanc?...

Les dames, qu'il n'avait pas prévenues, finissaient aussi par arriver, mais ne trouvaient pas toujours de la place, et il leur disait alors, d'un ton badin, en les laissant debout derrière sa chaise :

— Ah ! ah !... Vous êtes en retard, Mesdames, vous êtes en retard... Tant pis pour vous, tant pis pour vous !... C'est comme dans les révolutions, les places sont aux premiers arrivants... Tant pis, tant pis pour vous !... Vous ne goûterez pas du petit vin blanc de Mme L...!

Puis, levant la bouteille, il criait aux gens de son journal, avec un petit clin d'œil, en versant à la ronde :

— Allons, Messieurs, allons ! Nous sommes les travailleurs, nous !... Allons, l'article de fond... Allons, les Tribunaux... Allons, les

Faits-divers... Qui veut du petit vin blanc de Mme L... ? Qui veut du petit vin blanc de Mme L... ?

Le petit vin blanc, d'ailleurs, n'arrosait jamais que les plus frugales collations, les inévitables petits gâteaux secs, et l'hospitalité du vieux proscrit conservait ainsi son caractère rigoureusement diurétique, lorsqu'un certain vendredi, quelque temps après le carnaval, il nous dit, très mystérieux, au moment où l'on s'en allait, en nous soufflant au nez une de ces bouffées de brise pure qui fusaient de sa belle barbe comme une propagande :

— Dans trois semaines, Messieurs... dans trois semaines... dans trois semaines...

??

Et, le vendredi suivant, toujours mystérieusement :

— Dans quinze jours, Messieurs... dans quinze jours...

???

Puis, le vendredi d'après, avec une nuance de triomphe :

— Messieurs, c'est dans huit jours... Ce sera le Vendredi Saint ; nous mangerons un jambon !

Et il ricanait, tout heureux, avec un rictus glouton :

— Nous mangerons un jambon, nous mangerons un jambon !...

La presse ne constitue pas un monde, comme on le croit assez souvent, mais beaucoup de mondes différents, et c'est aussi dans un de ces mondes, mais où ne coulait pas le petit vin blanc de Mme L..., que je vis, un soir, un couple ébahissant, dont parlait alors tout Paris. La soirée, contrairement à celles du vieux proscrit, était, comme on dit, *select*, avec un bon buffet, de bonne musique, beaucoup de gaîté, de fleurs, de *flirts*, de gens connus, de jolies femmes, de toilettes et de belles épaules, quand un homme replet et rasé, boutonné jusqu'au menton dans une sorte de lévite à petit collet, avec des lunettes d'or, un nez de bélier, et des cheveux bouclés de curé, l'abbé Loyson lui-même, l'ancien Père Hyacinthe en personne, entra, pendant un quadrille, conduisant à son bras une grande et funèbre femme en noir, qui avait une croix blanche sur la poitrine. L'abbé venait de rompre avec l'Église, s'était marié, et menait Madame au bal. Il y eut, à leur apparition, comme un refroidissement dans la température du salon, en même temps qu'une indéfinissable et contagieuse envie de rire. Ils marchaient lentement, d'un air inquiet, au milieu de figures narquoises qui se retournaient pour plaisanter, l'abbé semblant retenir un petit marmottement de bénédiction, et Mᵐᵉ Loyson poitrinant sous sa croix. Ils faisaient penser, tous les deux, aux cercueils de *Lucrèce Borgia*, dans le souper de la Negroni...

Et les fêtes de Y... ? Qu'en dire?...

Fêtes monstres, monstrueuses, immenses, étourdissantes, avec des tziganes, des ballets, des chants russes, des pantomimes, des symphonies d'instruments anciens! Et, pendant qu'il se rengorgeait à l'entrée du grand hall de son hôtel, qu'il baisait les mains des dames, qu'il étreignait celles des hommes, qu'il étouffait de vanité en voyant sa soirée encombrer le quartier de voitures, et que ses petits yeux pétillants d'homme heureux se noyaient d'attendrissement devant tous les artistes, tous les journalistes, tous les reporters, tous les acteurs, tous les auteurs, toutes les actrices, qui peuplaient ses salons et ses fumoirs, on tenait, en même temps, du haut en bas de ce même hôtel, dans ces mêmes fumoirs et dans ces mêmes salons, tout pleins de bibelots, d'amphores, d'émaux, de jades, de tapisseries, de marbres et de tableaux, des conversations comme celles-ci :

— Ah çà! combien sa fête peut-elle bien lui coûter?

— Combien?... Ah! par exemple, toi, tu peux te vanter d'être encore naïf!... Combien?... Mais rien du tout!... Il paye en publicité.

— Comment, en publicité?

— Mais certainement, en publicité.

— Mais le buffet?

— Le buffet ?... Mais c'est de la publicité !

— Mais les chanteurs ?

— Les chanteurs ?... Mais de la publicité !

— Et les fleurs ?

— Les fleurs ?... Mais de la publicité !

— Et les tziganes ?

— Les tziganes ?... Mais de la publicité !... Mais il a enterré, il y a deux ans, son père en publicité !

— Comment, il a enterré son père en publicité ?

— Mais parfaitement !

— Mais certainement !

— Mais absolument !

— Mais lis donc seulement demain le *X*..., et tu y verras ces petits pains au foie gras de la maison Z... que nous sommes en train de manger là !

Une roulade de forte chanteuse perçait la rumeur à ce moment-là, et l'on se disait alors, tout en reprenant des petits pains de la maison Z... :

— Ça, c'est Chose... de l'Opéra... C'est une

petite série d'échos en première page pendant huit jours.

A d'autres étages, on s'extasiait devant les bahuts, les faïences, les aiguières, les jacquemarts, les Watteau, les Boucher, les Delacroix, les Courbet, les Manet, les Degas. Tout était ouvert, on pénétrait partout, dans les boudoirs, les chambres à coucher, les cabinets de toilette; on y voyait resplendir les vaisselles les plus intimes; on s'ébahissait devant les cuvettes, on admirait les pots, on restait coi devant les bassins.

— Et tout ça, disait tout à coup tranquillement quelqu'un dans la gaîté générale, quand on pense que c'est du chantage!... Il n'y a pas ici un Tiepolo ou un Bernard Palissy qui ne mériterait pas au moins trois mois de prison!...

Y... lui-même, dans ces moments-là, passait quelquefois alors à proximité, entendait rire, entrait tout rayonnant, et s'écriait, tout enchanté qu'on s'amusât tant chez lui :

— Très bien, Messieurs!... Très bien, très bien!... A la bonne heure! Bravo! Je vois qu'on ne s'ennuie pas !... Bravo ! bravo !... Et comment ça va, cher ami ?... Allons, tant mieux ! Bonsoir !... Bonsoir !... Et vous ?... Et vous ?... Ça va ?... Ça va toujours ?... Ça va comme vous voulez ?... Et vous ne manquez de rien ?

— Mais non !... Mais non !...

— On ne vous oublie pas ?... Vous avez bien tout ce qu'il vous faut ?

— Mais tout ce qu'il nous faut, mon cher, tout ce qu'il nous faut !

— Allons ! Très bien ! Parfait ! Bravo !... Amusez-vous !... Qu'on s'amuse !...

— Mais c'est ce que nous faisons.

— Bravo ! Bravo !...

Dès qu'il était parti, la gaîté reprenait follement. Elle se déchaînait, elle roulait en ouragan. On ne voyait plus un vieux marseille sans évaluer immédiatement ce qu'il pouvait valoir de Mazas, et d'autres, pendant ce temps-là, se livraient ailleurs à des paris.

On criait en bas, en se lançant des défis :

— Je parie que j'annonce M. Clément !

M. Clément, on s'en souvient, était alors le commissaire aux délégations judiciaires à la mode, et un autre répondait :

— Je parie que tu ne l'annonces pas.
— Je parie que si !
— Je parie que non !
— Je l'annonce !
— Tu ne l'annonces pas !
— Ça ne signifierait rien : on n'arrête pas pendant la nuit.
— Tant pis ! je l'annonce tout de même !
— Tu ne l'annonces pas !
— Attends, tiens... Écoute...

Et l'invité hurlait :

— Monsieur clément!!

Mais « monsieur Clément » se perdait dans le bruit, et n'égayait que les vingt-cinq ou trente personnes voisines, la musique et la rumeur noyaient tout, et Y..., toujours radieux, n'entendait rien... Toutes ces facéties un peu fortes, obstinément tirées du Code, ne lui frisaient-elles pas quelquefois pourtant les oreilles? On n'en aurait pas juré, mais il n'y paraissait pas, et le sourire ne se démentait pas une seconde sur sa figure, un sourire de triomphe, un sourire de bonheur, tendu, enflé, perpétuel, où il avait l'air d'être sur le point d'éclater, le sourire de l'homme blagué, mais toujours béat quand même, et d'autant plus fort qu'il n'a pas besoin d'estime !

Toutes les fêtes, en sortant de celles-là, auraient dû sembler ternes, et les déjeuners du docteur Préterre, cependant, même après les fêtes de Y..., avaient encore leur mérite.

Pourquoi, d'ailleurs, ces déjeuners, et quelle raison Préterre, un dentiste de grande vogue, avait-il de convier ainsi, chaque semaine, des fournées de journalistes à de copieuses dégustations ? Pourquoi « régalait-il » ? C'était son secret, et certainement le secret d'un honnête homme, mais il « régalait », et dans son établissement même de dentiste, tout retentissant des « ah ! » de douleur et des gémissements des clients qu'on soulageait de leurs molaires, à l'instant même où l'on humait, à côté, le chablis et les ostendes. On rencontrait là des échantillons du monde entier, des gens de Montmartre et de l'Amérique du Sud, des acteurs, des députés, des chevaliers de la Légion d'honneur, des rosettes étrangères, des palmes académiques. Au plafond de la salle à manger, toute une ménagerie de bêtes empaillées, des lézards, des écureuils, des hiboux, des crocodiles, planaient au-dessus des convives. On se rangeait autour de la table, et Préterre, debout, une longue liste à la main, son binocle au bout du nez, au-dessus de sa moustache pendante de vieux Gaulois, vérifiait d'abord à la ronde si tous les invités étaien' là :

— Tout le monde est bien arrivé ?... *Le nombre s'y trouve bien ?*... Messieurs, nous pouvons nous asseoir.

Et le déjouner commençait...

Je me trouvais, une semaine, à l'un de ces déjeuners, avec une vingtaine d'autres convives, et l'on venait de se mettre à table, quand Préterre, qui tenait sa liste, se penchait vers l'un de ses voisins, en lui demandant à l'oreille :

— Pardon, cher Monsieur... Voulez-vous

m'excuser ? Mais rappelez-moi donc votre nom...

— ...

— Ah !... Merci... Oui, c'est vrai !

Puis, il se penchait de même vers l'autre :

— Pardon, cher Monsieur... Je ne connais que vous... Mais comment déjà vous appelez-vous donc ?...

— ...

— Ah !... C'est juste !

Puis, se tournant successivement vers chacun des deux :

— Messieurs, si vous voulez bien me le permettre ?... Je vous présenterai l'un à l'autre... Monsieur... Monsieur... Je crois, si je ne me trompe, que vous ne vous connaissiez pas.

Je me sentais donner, à ce moment-là, une petite tape sur l'épaule, et je me retournais pour voir qui me la donnait. C'était Forain. Il était aussi du banquet, et me disait, en me tendant la main derrière le dos de mon voisin :

— Une poignée de main dans l'abîme !

Le menu, d'ailleurs, était excellent, et les hiboux et les crocodiles planaient sur les meilleurs vins. Mais pourquoi étions-nous là? Personne ne se connaissait, et le docteur lui-même ne connaissait personne. On finissait, cependant, par s'égayer peu à peu ; les cris et les « ah! » des clients, torturés dans les pièces voisines, arrivaient toujours, à travers les cloisons, des cabinets d'opérations, et Préterre, pendant ce temps-là, nous recommandait, je m'en souviens, un certain Pontet-Canet :

— Goûtez mon Pontet-Canet!... Goûtez mon Pontet-Canet!

Au dessert, la gêne avait complètement disparu, et tout le monde, sans doute grâce au Pontet-Canet, commençait à sympathiser. On trinquait, et le docteur, après le café, « réclamait un peu de silence » en tapant sur son assiette avec son couteau :

— Un peu de silence, Messieurs, un peu de silence!...

Puis, il nous criait dans le tumulte, en saisissant une seconde d'éclaircie :

— Nous allons, si vous le voulez bien, faire le tour de mes ateliers.

On se levait, en même temps, dans un charivari de chaises et de vaisselle, au milieu d'une fumée à s'y perdre de vue, toute la bande défilait par un corridor, et nous arrivions à une salle bizarre, où tournaient des machines et ricanaient des dentiers. On ne voyait plus là que des dents partout ! Dents montées sur des pieds, exposées dans des vitrines, en chantier sur des établis, en réparation dans des étaux, recueillies dans des sébiles ! Des molaires, des canines ! Des gencives baignaient dans des cuvettes, des mâchoires traînaient sur le parquet.

Et Préterre, mystérieusement, nous demandait tout à coup :

— Avez-vous une pièce de deux sous ?

— Une pièce de deux sous ?...

— Oui, une pièce deux sous, donnez-m'en une... Vous allez voir...

On lui en donnait une, mais il n'en voulait pas.

— Non... non... Pas celle-là !... Pas une pièce anglaise !... Une autre !

On lui en donnait une autre, mais il vous la rendait encore.

— Non, non, pas celle-là non plus!... Pas une République!... Une autre... Un Badinguet!... Avez-vous un Badinguet?...

On lui trouvait alors un « Badinguet », il le mettait sous un marteau-pilon, l'on retirait tout allongé, et vous le montrait en vous disant, d'un air finement satanique :

— Regardez-moi la gueule de l'Empereur!...

Le brave Préterre était violemment antibonapartiste. Qui l'aurait cru? il avait, lui aussi, une âme de vieux proscrit, et le dentiste, chez lui, n'était que l'enveloppe du citoyen... Mais le dentiste, néanmoins, ne disparaissait jamais complètement, et, au moment de nous congédier, il nous devançait dans l'antichambre, plaçait son bras en travers de la porte, et nous disait en nous barrant le chemin :

— Messieurs, on ne déjeune jamais ici sans emporter un petit souvenir...

Deux domestiques, en même temps, arrivaient avec des plateaux, nous distribuaient des petits volumes intitulés: *Soins de la bouche*, et lui-même, pendant ce temps-là, tout en nous serrant la main, nous remettait à chacun une brosse à dents.

LA PRESSE MÈNE A TOUT...

Le malheureux Guérin s'est suicidé, et le drame a couru tous les journaux... Le pauvre garçon les avait quittés, pour obtenir, à Argenteuil, un poste de receveur-buraliste. Guérin receveur-buraliste ! Quelle vision ! Et il avait pourtant rêvé bien autre chose... Hanté de l'idée d'une petite retraite, du bureau tranquille où il se serait reposé, de la petite place où rien ne vous dérange plus, il s'était presque vu, à une époque, sous une bien autre figure...

Le *N....* — une vieille réputation comme journal du soir — venait encore de subir une nouvelle combinaison. Un groupe de députés l'avait pris, et les rédacteurs, un matin, en arrivant à « la boîte », y avaient trouvé un grand monsieur basané, qui les avait reçus d'un air sec. C'était le nouveau directeur, un député des colonies, M. T...., qui n'avait pas l'air commode. Il passait, cependant, pour avoir fait lui-même du reportage, et se trouvait ainsi un ancien confrère, mais n'en semblait pas plus confraternel, et Guérin, qui était secrétaire de la rédaction, en avait pris particulièrement ombrage.

Guérin était le meilleur enfant du monde, et l'esprit ne lui manquait pas — il en avait même beaucoup — mais il ne comprenait la vie qu'entre le Café Américain et le Gymnase. Il se croyait à la campagne dès qu'il était place de la Concorde. On devine, dans ces conditions, ce que lui représentaient les colonies ! Voué au boulevard depuis vingt ans, roulé par le flot de Paris comme un galet par la mer, il voyait tout à travers la déformation spéciale d'un monocle à fort numéro, qu'embrumait encore la fumée d'une perpétuelle cigarette, et il lui avait suffi d'entrevoir T...... pour le prendre instantanément en grippe, comme il avait suffi à T...... de se trouver en face de Guérin pour en avoir un haut-le-corps. L'antipathie avait été foudroyante.

— Qu'est-ce que tu penses du nouveau patron? avait-on demandé à Guérin.

Il avait répondu d'un ton nerveux:

— Ça n'est pas un directeur, c'est un négrier.

« Négrier » était peut-être excessif, mais il y avait peut-être aussi pourtant du vrai, et le « négrier » manquait évidemment de bonhomie, surtout pour un reporter arrivé. Chose bizarre, il avait précisément fait son chemin, à ses débuts, comme garde du corps d'un secrétaire de rédaction. Toutes les nuits, lorsque tous les autres rédacteurs étaient partis, sauf le secrétaire, il restait seul à lui tenir compagnie dans les bureaux, ne s'en allait qu'avec lui, et le reconduisait jusqu'à sa porte. Grâce à ce métier plutôt modeste, consciencieusement exercé pendant deux ans, l'intrigant T...... était arrivé à se consolider dans la maison comme reporter parlementaire, s'était fait de la partie une spécialité, et avait même fini, dans le nombre des places à prendre, par découvrir une candidature pour lui. Pourquoi, après être ainsi parvenu par les secrétaires de rédaction, voulait-il leur faire payer, dans son âge mûr, les souliers qu'il avait usés à les reconduire à leur porte dans sa jeunesse? C'était son secret, mais ce qui était clair, c'est qu'il persécutait le pauvre Guérin avec la cruauté la plus féroce.

— Ah çà! lui disait-il d'un air méprisant, avec cette grossièreté spéciale aux politiciens d'aujourd'hui, qu'est-ce que c'est qu'un journal comme celui-là? C'est là que vous mettez la Bourse?... C'est là que vous me reléguez les nouvelles parlementaires?

— Mon Dieu, Monsieur T......

Mais le député des colonies lui coupait la parole comme avec un coup de matraque :

— C'est stupide !

— Pardon, Monsieur...

— C'est idiot !

Et il mettait le bulletin à la place de l'article de fond, l'article de fond à la place du bulletin, en queue ce qui était en tête, en tête ce qui était en queue, et concluait brutalement :

— Quand on ne sait pas faire un métier, on ne le fait pas !

Guérin se retirait désespéré. Il avait eu l'idée d'un nouveau type de journal du soir, avec des chroniques, des échos, des indiscrétions, des « mots en losange », et T...... lui sapait son œuvre. Il lui prenait ses rubriques, les brouillait, les lançait en l'air, les plaçait comme elles retombaient, et lui disait, en le regardant de travers :

— Vous ne savez pas faire un journal !
— Mais, monsieur T......
— Vous ne savez pas faire un journal ! !
— Mais pardon, monsieur T......
— Vous ne savez pas faire un journal ! ! !

Guérin ne répondait plus, mais prenait sa revanche le soir, au Café Américain, entre amis, à l'heure de l'apéritif, et le « négrier », à ce moment-là, passait un mauvais quart d'heure.

Au fond, la situation était intolérable, et le pauvre Guérin essuyait avanies sur avanies, supportées d'ailleurs stoïquement. Il assujettissait bien son monocle sur son œil avec une nervosité mal contenue, et sa cigarette lui tremblait bien un peu d'impatience au bout des doigts, mais il restait digne, et répondait simplement, avec une imperturbable déférence :

— Bien, monsieur T......! Bien, monsieur T......! Très bien, monsieur T......!

Quelquefois, il proposait un sujet d'article intéressant, et T......, alors, le trouvait invariablement dangereux.

— Bien, monsieur T......

Le sujet, d'autres fois, était inoffensif, et T......, alors, non moins invariablement, le trouvait sans intérêt.

— Bien, monsieur T......, répondait toujours Guérin.

Mais il bouillonnait, et, le soir, à cinq heures, au moment du matador :

— Ah! vous disait-il frémissant, en mêlant fébrilement les dominos, c'est bien un pur négrier!...Je le vois d'ici surveillant des plantations, avec des boucles d'oreilles, un grand chapeau et un pantalon de calicot!... Si tous les députés des colonies sont comme lui!...

Et les avanies, dès le lendemain, recommençaient à pleuvoir. Les informations étaient vieilles ! Le journal mal mis en pages ! On avait manqué la vente ! Un « filet » avait compromis les cinq mille francs qu'on touchait sur les fonds secrets !... Un jour, enfin, comme coup suprême, le « négrier » supprimait les chroniques, et renvoyait les deux tiers des chroniqueurs, immédiatement remplacés par des gens à cheveux sales, qui apportaient des nouvelles parlementaires.

Le matador, ce soir-là, fut particulièrement orageux, et Guérin, en arrivant, déclarait avec colère :

— Ça n'est même pas un négrier, c'est un nègre ! Il y a entre nous une question de race !... C'est l'homme aux pères duquel les miens ont donné des coups de bâton, et pour qui l'heure de la vengeance est venue !... C'est la haine noire, la haine à mort... Ça ne pourra pas durer longtemps...

— En effet, ça ne durait pas... Deux ou trois jours plus tard, le malheureux Guérin essuyait encore un nouvel affront, mais il y répondait violemment, tenait tête, et T......, furieux, le mettait à la porte. La scène avait été terrible. Le « nègre » avait failli voir rouge.

Hélas ! Qui payait seulement encore les frais de la guerre ? C'était Guérin ! Il avait bien droit à une indemnité, mais comment l'obtenir ? Et s'il fallait plaider ?... Un procès ?... Mais où pouvait bien le mener un procès ?... Recommencer, d'autre part, à courir la copie, les informations, les occasions de reportage ?... Ah ! non, il en avait assez, et se mettait à chercher une « petite place », la petite place qu'il devait rêver si longtemps, et n'importe où, n'importe laquelle, mais une petite place sûre, une petite place de tout repos. Il en parlait, des amis s'entremettaient, et l'un des députés du N......, où les députés foisonnaient, lui promettait de s'en occuper.

— Voyez-vous, lui disait obligeamment le député, notre ami T...... est un peu vif, mais n'est pas un mauvais homme, et puisque vous voulez une petite place, il vous en trouvera une lui-même... Seulement, quelle petite place voulez-vous? Vous n'avez rien en vue ?

— Non.

— Vous ne tenez pas à Paris ?

— Mon Dieu... Paris!... Ah! Paris, je vous l'avoue, commence à me sortir terriblement par les yeux !

— Et vous ne vous sentez pas de préférence pour un poste ou pour un pays ?

— Ma foi, non... je ne vois pas... Je voudrais seulement un petit poste... quelque chose... n'importe quoi... une petite place... Je suis fatigué de la vie de journal !

— C'est bon, lui avait dit le député, nous allons voir...

Et Guérin se rêvait déjà fonctionnaire, quand le « nègre », effectivement, deux ou trois semaines plus tard, l'invitait à passer chez lui.

— Eh bien! monsieur Guérin, lui disait-il tout de suite, voyons, vous ne m'en voulez plus?

— Mais non, monsieur T......, mais non!

— Il y a eu entre nous un petit malentendu. Mais qu'est-ce que vous voulez?... On ne s'entend pas toujours... Chacun comprend le journalisme à sa façon. Mais c'est bien fini ?... Sans rancune ?...

— Sans rancune, monsieur T......

— Eh! bien, on m'a parlé de vous... On m'a dit que vous cherchiez une petite place... Auriez-vous de la répugnance à vous en aller un peu loin ?

— Un peu loin ?

— Oui... Par exemple... Iriez-vous dans les colonies ?

— Dans les colonies ?... Mon Dieu! répondait Guérin, qu'amusait tout à coup l'idée de voir du nouveau... Mais oui... Pourquoi pas ?

— Eh! bien, j'ai votre affaire... En Afrique... Une bonne place d'administrateur de commune mixte !...

— Administrateur de commune mixte ?...

— Oui... Vous ne savez pas ce que c'est ?... Je vois que ça ne vous dit rien, ça, administrateur de commune mixte !...

— Non, non, rien du tout.

— Eh! bien, vous pouvez accepter, c'est simple comme bonjour.

— Alors, j'accepte, répondait Guérin.
— C'est entendu ?
— Entendu !

Guérin administrateur de commune mixte ! La nouvelle, le soir même, courait les cafés, et le nouvel administrateur commençait à se mettre au courant. De temps à autre, il retournait chez T......, s'informait où en étaient les choses, et T......, invariablement, lui répondait en le voyant :

— Mais c'est fait, c'est fait, ou comme si ça l'était... Seulement, vous savez... les formalités... les lenteurs administratives... Mais ça va, ça va... Et vous ?... Vous vous préparez ?... Vous vous mettez au courant ?

— Oui !...

— Bon... bon..., continuez.

Et Guérin continuait. Il achetait des livres, des traités de colonisation, des manuels de droit, des récits d'explorateurs.

— Eh ! bien, lui demandait-on au Café Américain, tu pars bientôt ?

— Mais je pense.

— Quand ça ?

— Dame !... Tu sais... Les lenteurs, les formalités administratives... Mais j'ai encore vu T...... ce matin... C'est fait.

— Et tu es content ?

— Enchanté !... Mon cher, quand on pense à la vie que nous menons tous à Paris, à ce qu'on y fait, à ce qu'on y dit, à quoi elle mène, à tout ce qu'il y a à faire dans les colonies, dans ces pays neufs... J'ai encore lu hier un volume sur la Tunisie... Et le Tonkin ?... Ah !...

— Et le nègre ?

Mais Guérin n'aimait plus les plaisanteries sur le « nègre », et vous répondait, avec le sérieux le plus grand, que le malheur, dans la vie de Paris, était précisément de « faire des mots ». Des mots! Il en avait toujours fait lui-même, des mots, et souvent de jolis! Mais il était transformé, on ne le reconnaissait plus, ce n'était plus le même Guérin, et il ne parlait plus, en faisant son matador, que du Tonkin, de la Tunisie, des « pays neufs », de la vie coloniale, et de la nécessité d'en répandre le goût, quand on le voyait, un soir, arriver tout bouleversé.

— Qu'est-ce que tu as ?
— Rien !
— Tu n'as rien ?...
— Non...

Mais ses mains tremblaient comme des mains de vieillard, son sourcil tout frissonnant se contractait sur son monocle, il était tout décomposé, et finissait, au bout de quelques minutes, par raconter son aventure, dans une explosion d'indignation.

Comme d'habitude, il était encore allé le matin voir T......, et T......, d'abord, lui avait dit, comme toujours :

— Eh bien, vous êtes prêt ?
— Mais oui, avait répondu Guérin.
— Vos malles sont faites ?
— Mais oui, avait encore répondu Guérin.
— Alors, vous pouvez partir quand on voudra ?
— Mais quand on voudra, avait toujours répondu Guérin.

— Eh! bien!... Attendez encore un peu... Aussitôt que je serai prévenu... On vous avisera par un petit bleu.

— Bien, bien.

— Bonjour, monsieur Guérin.

— Bonjour, monsieur T......

Et il était déjà dans l'antichambre, quand T...... lui avait couru après, l'avait rattrapé sur le palier, et lui avait demandé tout à coup:

— A propos... Dites-moi donc... *Vous savez l'arabe?*

— *L'arabe?*... Comment *l'arabe?*... Si je sais *l'arabe?* s'était écrié Guérin foudroyé... Mais non, je ne sais pas *l'arabe!*

— Comment? avait alors repris T...... Vous ne savez pas *l'arabe?*... Vous ne savez pas *l'arabe?*... Mais alors, mon cher Monsieur, si vous ne savez pas *l'arabe*...

Et le pauvre Guérin, qui ne savait pas l'arabe, n'avait pas eu sa « petite place »... Hélas! il devait finir par l'avoir, mais il n'était pas fait pour l'administration, et l'on ne tardait pas à le révoquer... Révoqué, c'était la misère... Il ne voyait plus de salut possible... Alors, il prenait un jour le chemin de fer, montait dans le compartiment, tirait de sa poche un flacon de chloral, l'avalait, et s'effondrait sur la banquette...

La presse mène à tout, on nous l'avait bien toujours dit !

MON CHER CONFRÈRE...

— Mon cher confrère... Vous écrivez à l'*X*...?... Vous devez y voir mon vieux camarade N....?

— Mais souvent.

— Garçon de valeur... mon cher confrère... garçon de valeur... écorce rude... rugueuse même..., écorce de montagnard... Et puis aigri... mécontent, morose... hypocondriaque... jamais heureux... Mais garçon de valeur... vraie valeur... sérieuse valeur... Et puis homme sûr... très sûr... bon cœur... brave homme... Mais écorce rude... rugueuse même... écorce de montagnard... Moi, mon cher confrère... Ah! il a bien un siècle... Et qu'est-ce que je dis : un siècle... Il y a bien dix siècles, vingt siècles, quarante siècles...

Oui !... Depuis le Divan Le Peletier... Je ne crois pas, mon cher confrère, l'avoir revu depuis ce temps-là... Enfin, quand vous le verrez... bien des choses, bien des souvenirs de ma part... mon cher confrère...

Ce bafouillage haché s'adressait un soir à moi dans les bureaux du *Gil Blas*, et le « cher confrère » qui me parlait de cette façon éloquente et brodouillante était un petit vieux décoré, l'œil vif, et le nez pointu, sous des cheveux blancs et plats. Il causait avec une volubilité crachotante, et finit par me dire, en me posant la main sur l'épaule :

— Mon cher confrère... voulez-vous me faire un plaisir ?... Annoncez à N... que je l'attends...

Puis, il continuait gracieusement :

— Quand vous voudrez bien venir vous-même... mon cher confrère... chez moi... tous les matins... 27... rue Le Peletier... Toujours jusqu'à midi...

J'ignorais absolument quel était ce vieux

« cher confrère », mais je devinais un vieux « cher confrère » célèbre, et je ne me trompais pas, c'était le « père Claudin ».

— Comment! me dit-on ensuite avec stupéfaction, tu ne connaissais pas le père Claudin?

Mon Dieu! non, je ne connaissais pas le père Claudin, mais à partir de ce jour-là, je ne rencontrai plus partout que le père Claudin. La journée, je le croisais devant le Café Riche, et je le retrouvais le soir au *Gil Blas*, où il donnait des chroniques galantes, et même vert-galantes, sous le nom de « Monsieur de Catalpa ».

Et toujours, dès qu'il m'apercevait :

— Mon cher confrère...

Et il me demandait mon opinion sur quelqu'un ou sur quelque chose, me développait une théorie, ou me racontait des histoires où défilaient Jules Noriac, le Divan le Peletier, Louis Lurine et Xavier Aubryet... Il me rappelait ensuite qu'il attendait ma visite, et enfin, pour terminer :

— Mon cher confrère... quand vous verrez

mon ami N.... bien des compliments... bien des choses de ma part... Et dites-lui bien... dites-lui bien... Oh! garçon de valeur... réelle valeur... rare esprit... très rare esprit... aigri... malade... écorce rude... rugueuse même... écorce de montagnard... Mais... mon cher confrère... chez moi... tous les matins... 27... rue Le Peletier... toujours jusqu'à midi...

Une ou deux fois par semaine, je voyais donc l'ami N...., et le « rare esprit », en effet, avait quelque chose de fruste. Une tête de loup, une barbe rude, une taie au milieu d'un œil, une paire de lunettes bleues : c'était l' « écorce de montagnard ». On le trouvait toujours au travail dans un petit bureau sombre, en train d'y revoir des épreuves, et où il répondait, d'un air triste, aux coups de sonnette répétés de son directeur. Il ne signait jamais rien, et personne ne parlait plus de lui depuis dix ans. Je lui avais bien fait la commission du père Claudin, mais il était aussi muet que son ancien compère était loquace, et sa figure bougonne, au nom de Claudin, s'était seulement un peu animée. Il avait écouté, hoché la tête, poussé deux ou trois petits gloussements, et il allait sans doute me répondre, quand un coup de sonnette l'avait fait lever...

— Eh bien! me demandait le soir le père Claudin, avez-vous vu N....?... Vous lui avez parlé de moi?... Ah!... Ce brave N.... Garçon de valeur... très grande valeur... rare esprit... très rare esprit... écorce rude... rugueuse même... écorce de montagnard... Mais....

— Vous savez, monsieur N...., avais-je encore dit une autre fois au vieux rédacteur de l'*X*..., Claudin se désole de ne pas vous voir.

Mais le pauvre N.... m'avait prié de l'excuser. Il était retenu toutes les nuits jusqu'à quatre heures du matin, et ne pouvait guère, dans ces conditions, aller rendre des visites avant midi. Et il me l'expliquait tristement, en me regardant avec la taie de son œil, par-dessus ses lunettes bleues, dans la vague lueur du petit bureau. Mais le père Claudin, malgré cela, et quoi que j'aie pu lui dire, ne m'en criait pas moins toujours, en me revoyant :

— Eh! bien?... Eh! bien?... Et N....?... Et N....?... Avez-vous vu N....?... Viendra-t-il?... Et vous?... Et vous?... Mon cher confrère... tous les matins... chez moi... rue Le Peletier...

Un soir, en sortant d'une représentation du Théâtre-Libre, je crus que le revers de mon paletot lui resterait dans la main. Il l'avait saisi, le secouait avec fureur, et, dans un déchaînement d'exaltation :

— Mon cher confrère... je ne sais pas quelle est votre opinion... sur tous ces petits messieurs du nouveau théâtre... Mais je les trouve... moi... des imbéciles... des... im...bé...ciles!... Ils s'imaginent avoir de l'audace... parce qu'ils placent... mal à propos... un gros mot dans une mauvaise scène... C'est idiot!... C'est i...di...ot!... Et je vais même beaucoup plus loin... Il y avait... autrefois... sous un certain monsieur Louis XIV... sans vouloir remonter plus haut... un certain monsieur Racine... un certain mon-

sieur Corneille... un certain monsieur Molière...
beaucoup plus audacieux, mon cher confrère...
beaucoup plus audacieux... que tous ces petits
messieurs... Et même... parmi les prédica-
teurs... Parlons donc aussi un peu d'un certain monsieur Bourdaloue... Mon cher confrère... la véritable audace... l'audace qui en
est... l'audace audacieuse...

Et, s'exaltant de plus en plus :

— Mais *le Gil Blas*, mon cher confrère...
le Gil Blas... *le Gil Blas* se figure être un
journal cochon !... Et tous ces beaux messieurs
croient être des cochons !... Mais ils ne savent
pas... mon cher confrère... ce que c'est que
les vrais cochons... Mais les vrais cochons,
mon cher confrère... les cochons purs... les
seuls cochons vraiment cochons... sont ceux
du xviiie siècle... Mirabeau est un vrai cochon... Diderot est un vrai cochon... Et le mar-
quis de Sade... quoique peut-être un peu sur-
fait... est pourtant encore un vrai cochon...
Voilà des cochons !... Mais les cochons d'ici ?...
les cochons du *Gil Blas* ?... Mais non, mon

cher confrère... mais non... mais non... mais non!... Tous ces cochons-là des cochons?... Ja...mais... ja...mais... ja...mais!... Mon cher confrère... tous ces cochons-là sont des enfants!... Avez-vous vu mon ami N....?... L'avez-vous vu?... L'avez-vous vu?...

Tantôt un soir, tantôt l'autre, je rencontrais ainsi les deux vieux vétérans, le pauvre N..., taciturne, dans son petit bureau noir où le relançait la sonnette directoriale, et le brillant père Claudin, causeur, disputeur, avec son œil en pépin, son nez pointu, son chapeau sur l'oreille, et ses cheveux blancs bien lissés.

— Mon cher confrère...

Et les théories, les histoires, les souvenirs, les paradoxes, pleuvaient dans les crachotements. Et le Divan Le Peletier, et Louis Lurine, et Xavier Aubryet, et « monsieur » Racine, et « monsieur » Louis XIV, et les vrais cochons!

Et toujours :

— Mon cher confrère... chez moi... 27... rue Le Peletier... toujours jusqu'à midi...

Enfin, je me décidais, et j'arrivais un jour rue Le Peletier, devant un viel hôtel garni. Vieille façade, porte suspecte, vieux tapis déchiré, viel escalier déjeté.

Un garçon balayait l'entresol, et je lui demandais d'en bas :

— M. Claudin?

— M. Claudin, Monsieur, c'est tout en haut... Montez...

Ah! pauvre père Claudin! Pauvres vétérans de lettres! Quel gîte! Quelle retraite! Je montais chez un « arrivé », même chez un « célèbre », et je croyais monter chez un malheureux! Je montais chez un vieux brave homme, et je pensais monter chez une fille.

En haut, cependant, je frappais, et une voix lointaine, une voix où se retrouvait la voix des dissertations sur « monsieur Racine » et les « vrais cochons », me criait lamentablement :

— Attendez!... attendez!...

Puis, j'entendais venir un pas, la porte s'ouvrait, et je voyais devant moi un petit vieux en chemise, un petit bout de pipe à la bouche, un bonnet de coton sur la tête, et qui courait se remettre au lit.

— Mon cher confrère, me disait-il alors un moment après, d'un air à la fois surpris et contrarié, tout en se reblottissant sous son édredon, je vous demande bien pardon... pardon... mais... j'attendais mon coiffeur... et j'avais cru que c'était lui... Une autre fois, mon cher confrère... je vous en prie... prévenez-moi... Il y a un salon... et...

Il m'avait offert une chaise, mais on ne reconnaissait plus, dans ce garni minable, le Claudin agressif et discoureur du boulevard. Une commode boiteuse, un carrelage branlant, pas même de table, et, pour tout luxe, au beau milieu de la pièce, une vieille baignoire rougeâtre, écaillée, cabossée! Où « monsieur de Catalpa » écrivait-il donc ses chroniques vert-galantes?

— Mon cher confrère, finit-il pourtant par reprendre, mais péniblement, en froissant un journal qui traînait sur son lit, et cherchant ce qu'il voulait dire, mon cher confrère... je voudrais... je voudrais...

Il essaya encore de se lancer dans une théorie, mais il était gêné, bégayait, et répétait constamment, au milieu de sa dissertation.

— Mon cher confrère... pardon... j'attendais mon coiffeur... Mais une autre fois... mon cher confrère... il y a un salon... il y a un salon...

Auriez-vous prolongé votre visite ?... Moi, je ne prolongeai pas la mienne...

Et je ne sais quel irrémédiable froid, à dater de ce jour-là, commença à se faire sentir entre le brave père Claudin et moi. La première fois qu'il me revit, il avait déjà pris quelque chose de compassé. La seconde fois, il ne m'appela plus « mon cher confrère ». La troisième, il m'appela « monsieur ». La quatrième, il me tira faiblement son chapeau de loin...

Au bout d'un mois, nous avions cessé de nous saluer !

POLICE ET JOURNALISME

Un matin — c'était en novembre ou en décembre — Forain venait me prendre chez moi, et me demandait, très pressé :

— Êtes-vous prêt ?

Il était en costume bizarre : paletot râpé, gros gilet de chasse, grosses bottines, pantalon fatigué aux genoux, et casquette à oreillons.

Il ajoutait, tout nerveux :

— Nous sommes en retard, filons !

— Avez-vous une voiture qui marche ?

— Oui, à peu près.

— Alors, nous arriverons...

Et j'endossais moi-même une « gâteuse » hors de service, je mettais un petit feutre plat, et, cinq minutes plus tard, nous roulions sur le quai, regardant, par les carreaux, quel temps nous allions avoir. Il y avait une petite brume grise, mais il ne faisait pas mauvais.

Je méditais, à ce moment-là, un genre particulier de chronique judiciaire, et je voulais voir, autrement qu'à l'audience, les clients de la correctionnelle. Forain, de son côté, s'intéressait au même monde depuis longtemps, et nous avions projeté des excursions de police, pour mieux nous documenter. Une fois par semaine, nous devions aller à la préfecture, y rejoindre deux agents, les suivre dans leurs tournées, et nous allions, ce matin-là, à notre premier rendez-vous de chasse aux filous.

— Sapristi! nous dit Rossignol, le légendaire inspecteur-principal, vous n'êtes guère en avance!... Un peu plus, et vous ne trouviez plus personne...

Toute une troupe d'employés, à tournures de commis, dégringolait en effet l'escalier. C'étaient les agents qui partaient, et nous n'avions que le temps de courir après les nôtres, le brave Blusset et le brave Ysquierdo, deux bons « limiers » que Rossignol lui-même nous avait choisis. Nous parvenions, cependant, à les rattraper dans la cour, et Blusset commençait à nous initier.

De nombreuses variétés de voleurs *travaillent* en plein jour dans les rues. Le bourgeois ne les y remarque pas, et s'imagine voir en eux de simples promeneurs, mais le bon agent les reconnaît au premier coup d'œil. Ils ont une certaine façon de marcher, de flâner, de guetter, d'être toujours au moins deux, tout en n'ayant pas l'air d'être ensemble, et certaines autres manières qui les trahissent immédiatement. Un agent sérieux ne s'y trompe guère, et distingue même tout de suite le voleur qui *travaille*, et *bon à suivre*, du voleur qui ne *travaille* pas, et inutile à *filer*. Le premier seul l'occupe, et c'est à celui-là qu'il s'agit d'emboîter le pas sans *se brûler*, c'est-à-dire sans se découvrir, jusqu'à ce qu'on l'ait vu enlever un objet d'un étalage, un porte-monnaie d'une poche, ou monter quelque part pour y *cambrioler*.

Blusset, tout en suivant le quai, nous expliquait ainsi le métier, Ysquierdo complétait les explications, et nous ne pouvions pas imaginer deux meilleurs enfants. Avec sa petite moustache, sa figure énergique où vibraient les muscles, et deux terribles mains qu'il frottait avec joie, Blusset rappelait ces risque-tout qui sont en même temps des « tendres ». Ysquierdo, lui, était tout petit, brun, jeunot, timide, imberbe, rougissant comme une fille, avec des yeux aigus, d'un noir phosphorescent. Ils parlaient toujours tous les deux à mots rapides, en gens qui n'aiment pas perdre leur temps, et Blusset insistait surtout sur la façon d'empoigner le sujet.

— Tenez, voilà : vous le *cueillez* par la tête, mais seulement quand il a la *camelote* sur lui... Ça s'appelle *fargué... Fargué*, ça y est, et vous lui sautez dessus !... Mais nous sommes rue de Rivoli, s'interrompait-il en en restant là de sa leçon, et nous allons *faire les Halles*... Séparons-nous... Deux sur un trottoir, deux sur un autre, dix pas entre chacun de nous... Attention, on se guide sur moi, en avant !

Nous *fîmes les Halles*, mais sans succès, et pour nous retrouver bredouilles, au bout d'une heure, derrière un tas de choux et de navets.

— C'est curieux! disait Blusset.... Dans ce quartier-ci, pourtant, on *fait* souvent des *roulottiers*... des voleurs de voitures... Mais je n'en vois pas... Il n'y a rien...

Nous proposions alors, Forain et moi, d'aller déjeuner au Pied de Mouton, mais Blusset se mettait à rire, et nous avertissait, en se frottant les mains, qu'on ne déjeunait pas dans la police :

— Quand on déjeune, on est lourd, on n'a plus tous ses moyens... Tandis qu'un bon morceau de pain, un bon morceau de saucisson dessus, une bonne tasse à la Wallace... Ça remonte, ça ne pèse pas...

Nous étions peu séduits, cependant, par le bon morceau de pain, le bon morceau de saucisson, et la bonne tasse à la Wallace. Nous insistâmes énergiquement, et ils finirent, Ysquierdo et lui, par accepter. Mais il fallait bien croire, comme ils nous l'avaient dit, qu'on ne faisait en effet de bonne police qu'à jeun, car nous battîmes ensuite toute une partie de Paris, du boulevard Sébastopol jusqu'au fond de Ménilmontant, sans pouvoir rencontrer un voleur de *bon* : on en rencontrait bien, mais ils n'étaient pas *bons*, ils ne *travaillaient* pas.

— Quand je vous le disais, grognait Blusset furieux... Quand on déjeune, autant rester chez soi !

Une fois, Ysquierdo, parti en avant-garde, revint nous en signaler deux.

— Attention ! lançait Blusset.

Mais, une minute après :

— Brûlés ! Nous sommes brûlés !...

Plus tard, place de la République, deux individus de forte taille, avec des melons et des vestons, nous saluèrent de grands coups de chapeau.

— C'est bon, grogna Blusset sans tourner la tête, c'est bon, c'est bon !

C'était deux filous qu'ils avaient déjà arrêtés, et dont le salut voulait dire poliment : « inutile de nous suivre, nous vous connaissons ».

Le soir, nous étions fourbus, sans avoir rien fait ni rien vu, mais nous n'en revenions pas moins huit jours plus tard, d'autant plus curieux de voir quelque chose. Cette seconde journée, seulement, ne s'annonça pas non plus d'abord bien palpitante.

— Attention ! répétait toujours Blusset en nous désignant des ouvriers à mains trop blanches, ou de bizarres petits jeunes gens coiffés de chapeaux trop grands ou trop petits pour eux.

Mais nous ne suivions pas depuis cinq minutes l'ouvrier ou le petit jeune homme, qu'ils se retournaient, nous regardaient en se moquant de nous, et que Blusset grognait encore :

— Brûlés !... Nous sommes brûlés !.. Nous n'en trouverons pas un de bon !...

Vers cinq heures, cependant, nous redescendions le boulevard Sébastopol, quand Ysquierdo revint vivement. En même temps, Blusset lui-même nous appelait, nous réunissait sous une porte-cochère, et nous indiquait, sur le boulevard, une voiture de charbonniers, avec cinq charbonniers dessus. La voiture allait au pas ;

elle était pleine de charbon. En quoi cette grosse voiture chargée de sacs, avec les cinq silhouettes de ces cinq charbonniers, de ces cinq *bounias*, pouvait-elle bien être suspecte? Tout ce que nous parvenions à comprendre, dans les explications précipitées qu'on nous donnait, c'était précisément que les charbonniers étaient cinq, et, qu'en étant cinq, ils étaient trop. Ils auraient dû n'être que quatre, ou peut-être même seulement trois, et l'éternel « attention! » nous sifflait encore aux oreilles. Deux *bounias*, au même instant, regardaient justement de notre côté, mais on y voyait mal, il commençait à faire nuit, les becs de gaz s'allumaient, et la voiture était loin. Elle s'éloigna encore, tourna, et s'arrêta devant une de ces grandes maisons populeuses, où se trouvent toutes sortes d'enseignes de commerces et d'installations d'industries.

— Cachez-vous! nous dit Blusset en repassant devant nous comme un éclair, cachez-vous, et suivez-bien ce qu'ils vont faire!...

Qu'allaient-ils faire? Nous n'en savions rien

du tout, mais nous commencions à ressentir une anxiété, et nous nous renfonçâmes dans notre encoignure, tout en ouvrant bien les yeux... Deux des charbonniers étaient restés sur la voiture, les trois autres étaient descendus, et tous les cinq, d'abord, à la lueur des becs de gaz, sous leurs toiles de sacs vides dont ils s'étaient coiffés comme de capuchons, nous parurent simplement décharger le charbon. Au bout de cinq ou six minutes, néanmoins, l'un des deux charbonniers restés sur la voiture nous sembla faire sauter des morceaux d'un sac, le reficeler, et le passer ainsi au second, qui le chargeait sur le dos de l'un des trois autres. Un quatrième, ensuite, arrivait prendre un nouveau sac, on ne le lui remettait de même qu'*écrémé*, et le même *écrémage* se répétait visiblement pour chaque sac. On *écrémait*, on jetait le charbon retiré au fond de la voiture, on l'y rangeait bien à plat sous des toiles, et le sac, une fois *écrémé*, était bon pour le client. Au bout d'une demi-heure, tout était déchargé, les cinq *bounias* s'essuyaient le front, allaient boire un verre chez le marchand de vins, revenaient, et remontaient déjà sur leur voiture, lorsque Blusset traversait la chaussée, sautait à la tête du cheval, débouclait la bride, courait au siège, empoignait l'un des charbonniers, et le tirait par terre comme un paquet. Ysquierdo, en même temps, arrivait avec des gardiens de la paix, et les *bounias*, tout ahuris, demandaient, d'un air d'innocence, ce qu'on pouvait bien leur vouloir.

— Et ça? ripostait Blusset en rejetant les sacs.

Il constatait le charbon volé, munissait chaque voleur d'un gardien de la paix, confiait le détachement à Ysquierdo, se chargeait lui-même de la « roulotte », sautait dessus, et, enlevant le cheval d'un coup de fouet :

— En route!... Au commissariat Bonne-Nouvelle!

L'opération n'avait pas duré cinq minutes, mais il y avait déjà cent personnes là, et toute une procession se mettait en marche, Ysquierdo en tête, avec son homme au poing, les agents avec les prisonniers, puis la foule, les femmes, les camelots, les enfants, et tout cela courant, huant, se bousculant, faisant cortège aux *bounias* qui défilaient tête basse, comme cinq pénitents noirs. Au bout de cent pas, l'escorte avait doublé; cent pas encore plus loin, elle avait quintuplé, et nous arrivions chez le commissaire, traînant derrière nous toute une horde.

— Enlevez la rousse! criaient les uns.

— Crevez-la donc! criaient les autres.

— Mais laissez-donc tous ces hommes-là! vociféraient des gens furieux.

— Voyons, Monsieur, me disait un philanthrope à figure patibulaire, ce ne sont pas des voleurs, ce sont des pères de famille !

Une heure plus tard, les « pères de famille » étaient « dans le violon », et Blusset, en les quittant, les tranquillisait à sa façon.

— N'aie pas peur, toi, mon vieux, disait-il au plus âgé, on ramènera ta voiture à ton patron, et je lui dirai moi-même que tu es au clou...

Et tous, effectivement, les formalités remplies, nous partions au grand trot dans la carriole, ballottés, soubresautant, dans le charbon et dans les sacs. Blusset tenait toujours les guides, et conduisait bon train, pendant que nous regardions, sur notre route, filer fantastiquement les théâtres et les cafés.

Au bout d'un petit quart d'heure, la « roulotte » était au chantier, et tout le personnel, qui attendait devant la porte, restait pétrifié en nous voyant dans la voiture. Puis, Blusset sautait du siège, avisait une grosse femme qui commençait à gémir, et lui disait gaiement, en lui prenant la taille :

— Y a pas de bobo, il est emballé !

L'effet de la nouvelle fut foudroyant, et la grosse femme, sous le coup de foudre, cessait immédiatement de gémir. Elle avait comme un hoquet, regardait bien Blusset, et s'écriait avec indignation :

— C'est bien fait !... Je l'avais prévenu !... Je lui avais dit : « ça t'arrivera »... ça lui est arrivé, tant pis !...

Tout le monde, un instant plus tard, se retrouvait dans un petit bureau, Blusset racontait l'histoire aux employés réunis, et Forain, pendant ce temps-là, sous le vacillement du bec de gaz, prenait les silhouettes sur son album...

— Eh bien! nous dit la semaine suivante Goron, alors chef de la Sûreté, il paraît que vous avez arrêté des charbonniers?... Je crois que leur affaire vient ces jours-ci... Voulez-vous qu'on vous assigne comme témoins?

— Non, merci!

— Et les *bounias*, nous demandait Rossignol en riant?... Vous savez ce qu'ils disent?

— Non.

— Ils prétendent que le charbon était déjà dans leur carriole quand ils avaient quitté le chantier... Vous êtes témoins ?

— Ah! mais non.

— Ça ne vous dit rien d'aller un petit peu déposer au tribunal?

— Non, rien du tout!

Au bout d'une demi-heure, nous rebattions de nouveau le pavé, et la tournée, comme toujours, languissait d'abord un peu, mais, vers trois heures, en passant près du Printemps, à l'angle du boulevard Haussmann, Blusset nous montrait, devant le magasin, quatre petits jeunes gens qui causaient sur un banc. Il y en avait un plus petit que les autres, mais solide, bien râblé, deux de moyenne taille, et un quatrième plus grand. Le plus petit, le trapu, avait les mains enroulées dans un de ces morceaux de toile verte où les cordonniers portent les chaussures, et qu'on appelle des *toilettes*.

— Vous les voyez? nous dit Blusset. Ça en est... Quatre beaux *étalagistes* !... Attention !... Qu'on ne se brûle pas !... Regardons les parapluies...

Il y avait, en effet, à la porte du magasin, une exposition de parapluies-primes, et, pour bien donner le change à nos voleurs, nous restâmes comme en contemplation devant l'étalage. Ils continuaient à causer, mais finirent par se lever, et s'en allèrent rapidement, le trapu à la « toilette » au milieu des quatre, dans la direction de la rue Tronchet. Ils remontèrent ainsi jusqu'au marché de la Madeleine, y entrèrent, en ressortirent, et il nous sembla, à ce moment-là, que la toilette avait augmenté de volume.

— Attention, nous dit Blusset, ils ont volé des chaussons !

Ils prenaient, en même temps, par la rue de Sèze, et, tout en gaminant, arrivaient au boulevard. Là, nous tombions dans la cohue. Il faisait beau, il y avait de la foule, et Blusset, subitement, nous arrêtait sous une porte, pendant qu'Ysquierdo poursuivait la *filature*.

— Messieurs, nous dit-il avec rapidité, une seconde... Ils sont quatre, ils filent comme le vent, je ne vois pas de *flics*, je ne sais pas si j'en trouverai... Voulez-vous nous donner un petit coup de main ?

Nous n'eûmes qu'un cri :

— Mais comment donc !

— Ça ne vous fait rien ?

— Mais rien du tout !

— Merci !... Alors, tenez... Voilà comment vous faites... Vous sautez dessus... Comme ça !... Vlan !... à la tête !... Compris ?

— Compris !

Nous n'avions rien compris du tout, mais nous avions l'air de comprendre. Les quatre étalagistes filaient toujours, et leurs têtes, qui se balançaient, surnageaient dans la cohue comme des bouchons sur un bassin, suivis dans les remous de la foule par la casquette d'Ysquierdo.

— Attention, ne cessait de répéter Blusset, attention, attention !...

Ils filaient à perdre haleine, et nous filions nous-mêmes du même pas. Puis, ils quittèrent bientôt le boulevard, tournèrent avenue de l'Opéra, et là, brusquement, la bande s'arrêta devant une boutique appelée l'Opéra-Bijou. On vendait, dans cette boutique, toute une petite camelote variée de bijoux faux mis en étalage : des boucles de ceintures, des broches, des boutons de manchettes, des épingles de cravates.

— Tenez, nous dit Blusset, ils *barbotent* le magasin... Ils sont *bons*, n'attendons plus !...

Mais ils redégringolaient déjà l'avenue, s'arrêtaient en arrivant à la place, en face du Théâtre-Français, s'y consultaient un instant, puis se dirigeaient dans la direction des arcades, et Blusset, à ce moment-là, nous disait précipitamment :

— Suivez-nous...

Et, piquant une course à toutes jambes dans la direction opposée, nos deux agents, toujours suivis par nous, poussaient jusqu'au trottoir de la rue Saint-Honoré, retournaient de là vers le Palais-Royal, nous ramenaient aux arcades par un circuit, y reprenaient le pas ordinaire, s'y engageaient comme en venant du Louvre, et bientôt, sous le péristyle même du théâtre, les quatre étalagistes, sans se méfier de rien, arrivaient à notre rencontre... Alors, en une seconde, Blusset bondissait à la tête du grand, Ysquierdo à celle du petit trapu, et Forain et moi, tant bien que mal, nous nous emparions du reste... Et tout s'était fort bien passé, presque sans résistance. Un premier mouvement de révolte en se voyant saisis, un mouvement de respect en reconnaissant la police, un mouvement de gouaillerie pour masquer ce mouvement de respect, et les petits brigands se laissaient emmener au milieu du traditionel cortège de gamins, de femmes, de camelots, de concierges et de marmitons!

Rue Villedo, un moment après, dans la petite salle du poste de police, tout était profondément calme. Des gardiens de la paix bâillaient à un bureau, pendant que Blusset leur parlait à l'oreille; Ysquierdo, gentiment, *cuisinait* déjà nos victimes, et nous pouvions enfin les voir au repos. Le grand avait dix-neuf ans, les cheveux frisottés, de belles dents, et quelque chose d'un joli mulâtre. Il s'appelait P...., et demeurait chez ses parents, qui vendaient des bas pour varices. Un autre, un nommé A..... avait une figure de fille, le cou et les oreilles d'une saleté repoussante, et de jolis yeux d'un noir de jai. Le troisième était une espèce de louchon blondasse qui riait avec de grosses lèvres saignantes, et faisait de l'esprit, avec un air idiot. Enfin, le quatrième, le petit trapu, celui qui portait la toilette, un nommé N..., avait une figure ronde comme un sou, des oreilles pointues, un museau d'ours, et une jaquette jaune, trop grande pour lui.

— Attention! disait enfin Blusset en venant les rejoindre.

Et il commençait à les fouiller, les déshabillait, et faisait tomber de leurs habits toutes sortes de portefeuilles, d'étuis à aiguilles, et d'épingles de chapeau...

— Et toi?... Qu'est-ce que tu fais?

— Moi?... Mais je travaille !

— A quoi?

— J'sais pas... à n'importe quoi... à ce qui m'platt !...

— Et ça?... Tu l'as acheté ?

— Mais parfaitement, que je l'ai acheté !

— Tu as acheté ces boutons de manchettes qui viennent de tomber de ton pantalon ?

— Mais oui !

— Où ça ?

— J'sais pas... A un marchand qui passait dans la rue.

— Et ce verre ?... Et ces chaussons ?... Tu les as aussi achetés ?

— Mais oui !

— Et qu'est-ce que tu veux faire de tout ça ?

— Mais des cadeaux.

— Et ces gants ?

— Ça, les gants, c'est pour moi.

— Et ce foulard ?

— C'est une femme qui me l'a donné.

— Tu reçois des cadeaux des femmes, toi ?

— Mais comme tout le monde... Et vous ?

— Et ce papier-là ?...

— Ça, c'est mon papier de Mazas... J'en suis sorti hier, et vous auriez bien pu au moins me laisser ma semaine !...

— Allons, disait Blusset en passant à un autre, ça va bien... Et toi ? Quel âge as-tu ?...

— Dix-huit ans.

— Et qu'est-ce que tu fais ?

— Commis en librairie.

— Tu as déjà été condamné ?

— Parfaitement, deux fois !

— Et tu t'es encore fait reprendre ?

— Dame ! vous ne m'avez pas donné le temps de respirer.

— On t'a cueilli, hein ?

— Ah ! oui, alors !... Et sur la tige !

— Et qu'est-ce que fait ton papa ?

— J'sais pas.

— Tu ne le connais pas ?

— J'sais pas.

— Il est mort ?

— J'sais pas.

— Et ce tire-bouchon ? Pourquoi le cachais-tu là ?... Où l'as-tu pris ?

— Je ne l'ai pas pris, je l'ai acheté.

— Où ça ?

— Mais toujours au marchand qui passait dans la rue...

— Je le connais, ce marchand-là, continuait Blusset en empoignant celui qui avait une figure de fille... Et toi, la demoiselle, combien as-tu déjà eu de condamnations ?

— Aucune, Monsieur.

— Ne mens pas, ou je vais te saler !

— Je ne mens jamais.

— Jamais ?

— Jamais !

— Alors, tu vas me dire la vérité, et m'avouer que tu as vu N... voler ce qu'il avait sur lui.

— C'est vrai, je l'ai vu.

— Et toi, qu'est-ce que tu as pris ?

— Moi, rien du tout !

— Tu mens !

Et il lui retournait les poches, mais n'y trouvait qu'un mouchoir sale dans lequel était nouée une dent, que « la demoiselle » voulait reprendre, en se mettant en colère et en tapant du pied :

— Ma dent ! Ma dent ! Ma dent !... Ma dent, ça, c'est à moi !... Je ne veux pas qu'on y touche !... Ma dent, je veux ma dent !

Chacun des petits *pègres*, au bout d'une heure, avait ainsi été interrogé, retourné, fouillé, « cuisiné », on les enfermait dans le « violon », et nous allions sortir, quand une chanson nous arrivait des cellules, où quatre sopranos éraillés chantaient et reprenaient en chœur :

Ah ! si j'avais des souliers...
Je les mettrais à tes pieds pour avoir
Un doux baiser de ta lèvre mignonne !

Mais une grosse voix de gardien de la paix interrompait brutalement la musique, et bougonnait dans le silence :

— Taisez-vous !... Tenez, vous, tous les quatre, vous avez tous encore des figures à f..., un de ces jours-ci, un coup de tête à la guillotine !...

Le soir, après un dîner bien mérité, nous allions chez le commissaire, pour les formalités d'usage... Mais nous y étions à peine qu'Ysquierdo arrivait, et nous disait mystérieusement :

— Messieurs, M. le Commissaire vous prie de venir lui parler...

Allons !.. M. le Commissaire se préparait, évidemment, à nous demander de quoi nous pouvions bien nous mêler, et nous allions avoir, sans aucun doute, à faire notre deuil de nos excursions documentaires... Mais pas du tout, et M. le Commissaire, au contraire, était charmant, nous faisait l'accueil le plus aimable, et nous disait simplement :

— Messieurs, je suis M. X..., le parent de votre confrère X...., et je pensais bien faire un jour votre connaissance, mais je ne me figurais pas que ce serait en cette occasion... Monsieur Forain, serez-vous bien placé là pour voir, et pour prendre vos croquis ?

— Mais très bien, monsieur le Commissaire !

Et M. X..., alors, se tournait vers Blusset :

— Vous pouvez faire entrer vos prisonniers...

Est-ce qu'on peut vraiment ne pas trouver, après cela, qu'il est quelquefois amusant de vivre dans une société anarchique ?...

UN JOURNAL HONNÊTE

Depuis combien de temps avions-nous arrêté nos malheureux petits gamins ?... Je ne le sais plus trop, mais je crois bien que je me sentais encore quelque chose de leur arrestation aux mains, quand j'étais convié, chez. Brébant, au banquet de fondation d'un nouveau journal. Alphonse Humbert était de la combinaison, et m'avait confié ses espérances Il s'agissait d'un journal « véritablement indépendant ». On ne devait pas y être gêné par la nécessité mystérieuse de ménager toute une infinité de gens ou de choses, et il ne devait y avoir, dans l'affaire, que de l' « argent propre ».

— Alors, disais-je à Humbert, on pourra parler ?

— Je le pense.

— Et pas de dessous ?

— Je ne crois pas.

— Et le directeur, c'est X... ?

— C'est X...

— Le député ?

— Lui-même... Vous le connaissez ?

— Oh !... Depuis le collège.

— Alors...

Le soir du banquet, j'arrivais chez Brébant... L'escalier des salons était déjà tout encombré de monde, et j'y reconnaissais des sénateurs, des députés, des artistes, des conseillers municipaux, quand il me sembla, soudain, avoir comme une hallucination.

Tout en haut de l'escalier, sur le palier où montaient les convives, il y avait là, pour les recevoir, tête nue, saluant, comme chez lui... Qui ?... Vous ne le devineriez jamais... Dupont !

Dupont ?

Dupont ! !

Dupont lui-même, l'ancien Dupont, le Dupont du *Succès*, le fameux Dupont condamné pour chantage. Avait-il donc quitté sa vareuse tout exprès pour venir nous présider ? Était-ce même bien vraiment Dupont ?... Je voulais en douter, mais c'était bien vraiment Dupont, et Dupont en frac, en cravate blanche, avec une brochette de décorations... Et quelle brochette! Une brochette d'ambassadeur !... Et Dupont souriait, rayonnait, distribuait des poignées de main. Ah! Dupont! Le Dupont de cette soirée-là! Dupont saluant, Dupont salué! Dupont décoré! Dupont recevant la presse et le parlement! Quelle vision ! Mazas, décidément, n'était pas fait seulement pour les étalagistes. Il en sortait aussi des hommes distingués.

Malgré tout, cependant, l'idée d'être reçu par Dupont m'intimidait, et je passai sous sa poignée de main comme sous l'artillerie d'un fort, en l'évitant. Puis, je m'éloignais dans les salons, où j'apercevais bientôt Humbert, à qui je demandais en confidence :

— Dites-moi, quel est donc ce monsieur blond, avec une petite barbe, qui reçoit les invités sur le palier ?

— Celui qui a tant de décorations ?

— Oui, celui qui a tant de décorations.

— Mais c'est Legros.

— Legros ?

— Mais oui, Legros.

— Est-ce que vous le connaissez bien ?

— Dame !... Comme on connaît quelqu'un qu'on ne connaît pas... Je sais que c'est l'administrateur, voilà tout.

— Et il s'appelle Legros ?

— Legros.

— C'est très curieux !... Moi, je le connais aussi... Seulement, quand je l'ai connu, il s'appelait Dupont?

— Dupont !

— Dupont !...

Et je lui racontais l'histoire de Dupont... La rue Grange-Batelière... Les affiches dans toute les langues... Le « *Gil Blas* des familles »... L'affaire de chantage...

Humbert, alors, écarquillait les yeux.

— Ah ça ! finissait-il par me dire, qu'est-ce que vous me racontez là ?... Legros s'appellerait Dupont, et Dupont serait devenu Legros ? Mais c'est une histoire de brigands !

— Non, mais c'est une histoire de journaux.

— Mais il faut tout de suite prévenir X..... Mais il ne faut pas attendre...

— Non, non, lui dis-je, attendez... Tenez, voilà qu'on sort, tout le monde se met à table. Nous ne pouvons vraiment pas... Non, ce ne serait pas courtois... Pour le dessert !...

On passait, à ce moment, dans la salle à manger, et chacun y cherchait sa place. Je cherchais la mienne comme les autres, et je découvrais bientôt mon nom sur un couvert... Mais quel nom, au même moment, ne voyais-je pas sur le couvert voisin ?

Legros !

Et qui voyais-je, en même temps, venir s'asseoir à côté de moi ?

Dupont !

La conversation, on le devine, s'engagea plutôt avec peine, et le potage, d'abord, fut silencieux. Quelque chose gênait Dupont, Legros manquait d'aisance, et je me demandais, d'ailleurs, comment *ils* se trouvaient *mon* voisin. Était-ce le hasard? Était-ce fait exprès, et, comme on dit, pour rompre une glace à rompre? Legros, dans tous les cas, essayait bientôt de rompre la glace, ou tout au moins de la faire fondre, ce qui rentrait plutôt dans la manière de Dupont, et j'entendais enfin une voix connue, la voix du « *Gil Blas* des familles », qui me disait d'un ton prudent :

— Vous allez bien ?

— Mais oui, et vous ?

— Mais assez bien...

Nouveau silence... Puis, après un soupir, et parlant encore plus bas :

— Ah! depuis que je vous ai vu... j'ai eu bien des malheurs... Est-ce que vous avez su ?

— Oui, oui... j'ai su...

Troisième silence, nouveau soupir, et Dupont, toujours prudemment, mais en reprenant déjà du poil :

— Ah! vous savez... Je pourrai, à l'occasion, parler de la magistrature, et de MM. les juges d'instruction... Il y en a, une épuration à faire !... Je les ai vus de près, Messieurs les magistrats, et ils sont bien !... Mais nous changerons tout cela !...

La glace fondait peut-être, mais lentement, et il regelait même dessus, dès qu'elle commençait à fondre. Dupont, d'ailleurs, m'intéressait. Il avait recueilli, dans ses malheurs, des observations « vécues », et méditait des réformes... Il nous préparait déjà la magistrature que nous avons fini par avoir... Il se déclarait même, d'ores et déjà, pour l'instruction contradictoire...

Mais le banquet touchait à sa fin, et c'était le moment des toasts. On servait le champagne, on réclamait le silence, et le député-directeur, notre ami X..., se levait, plein d'émotion... Il attendait un instant, parcourait la table du regard, rejetait la tête en arrière, et, d'une voix chaude, pénétrante :

— Messieurs, nous fondons un journal, et quelques personnes nous demandent : « Avez-vous un programme ?... » Eh ! bien, Messieurs, oui, nous en avons un, et un programme nouveau...

Et X..., là, regardait encore la table, renversait encore la tête, puis lançait d'une voix tonnante :

— Nous fondons un journal honnête !

Un « bravo ! » frénétique, un « bravo ! » de séide, m'éclatait en même temps dans les oreilles...

Je me retournai.

C'était Dupont...

Et toute la salle, entraînée par son cri, couvrait son « bravo ! » par les siens. Les mains battaient, les pieds tambourinaient, les voix criaient, les âmes débordaient, et Dupont, toujours frénétique, conduisait le chœur de l'enthousiasme, pendant que le pauvre X... tonnait toujours, au milieu des acclamations :

— Honnête, Messieurs, honnête !... Nous fondons un journal honnête !... Nous fondons un journal honnête !...

PIÉGU

Lorsque je me demande l'homme de presse qui évoque le plus complètement pour moi l'étrange machine qu'est un journal, je pense toujours à Paul Piégu, directeur du *Petit Parisien*, et qui l'avait fait monter à une vente considérable. Ce nom de Piégu ne dit plus rien au public, et ne lui a jamais dit grand'chose, mais n'est certainement pas sans rien rappeler à ceux qui ont vu l'homme de près, à la besogne, et Piégu, pour ceux-là, ne représente pas quelqu'un de bon ou de mauvais, d'honnête ou de malhonnête, de moral ou d'immoral, mais la personnification même du « tirage », quelque chose comme l'Empereur du « numéro sensationnel » et le Petit Chapeau de la « dernière heure ».

Tous les directeurs de journaux sont un peu

cela, comme les officiers, sous un souverain, ont tous quelque chose de la moustache ou de la barbe du monarque, mais Piégu l'était complètement. Il en perdait même comme toute figure physique, et sa physionomie, d'ailleurs, pouvait, indifféremment, être d'un ingénieur, d'un médecin, d'un banquier ou d'un militaire. Il n'existait pour lui que deux ordres de choses, celles qui « font tirer » — quelles qu'elles soient — et celles qui ne font « pas tirer » — quelles qu'elles soient aussi. Tout, en dehors du « tirage », ne lui semblait plus que niaiserie, baliverne, futilité. Et il n'était pas ainsi plus ou moins, ni même violemment, mais abstractivement, et comme avec on ne sait quoi de neutre, à force d'être absolu.

Si abstractif, pourtant, et si mathématique que fût son personnage, et si peu qu'il en eût de figure, Piégu en avait une, et c'était exactement celle d'un « pommadin ». Un petit monsieur bien mis, bien coiffé, à petites moustaches cirées, à buste fort, à petites jambes où plissait, sur un pied bien chaussé, un pantalon collant genre officier, c'était lui... Ajoutez encore, comme note particulière, une voix mordante, despotique, sonnant bien, et qui n'avait jamais que deux notes, celle du commandement sec, ou celle du ricanement bref. Tout en tortillant sa moustache, et tout en donnant ses ordres, il ponctuait tout ce qu'il vous disait de perpétuels « hein?.. hein?.. hein?.. », et crayonnait continuellement quelque chose sur les feuillets d'un bloc-notes, avec un gros crayon bleu. Il détachait les feuillets, et les remettait, sans rien dire, à des garçons qu'il sonnait.

— Hein?...

Il entrecoupait, hachait ainsi toutes ses phrases de ce « hein? », le modulait dans tous les tons, vous approuvait ou vous rabrouait avec, mais semblait toujours l'employer pour vous rappeler qu'il était pressé, et ne venait pas à son bureau pour perdre son temps en mots. Il n'était pas, d'ailleurs, toujours là, mais il y était si souvent qu'il paraissait toujours y être, de jour et de nuit, et le matin comme l'après-midi. A n'importe quelle heure, vous le trouviez à son poste, frais, solide, correct, alerte, pommadé, ordonnant, commandant, dépêchant ses petites notes sur ses feuillets, et ses débuts, comme directeur du *Petit Parisien*, avaient été deux scandales habiles, et prodigieux pour le moment, lancés avec une sérénité scientifique. Très tranquillement, un matin, il avait publié toute une série d'accusations infamantes contre un certain nombre de députés. Détails, noms, faits, circonstances, tout s'y trouvait scrupuleusement indiqué. Les diffamations les plus monstrueuses ne produisent plus aujourd'hui aucun effet, et rien n'étonne plus d'un politicien, mais il n'en était pas de même alors. Un député, à cette époque, était plutôt un homme considéré, on n'avait jamais lu dans aucune feuille de ces dénonciations nettes, fermes, infamantes, qui sont devenues un usage, et les révélations du *Petit Parisien* avaient produit un tapage affreux, une véritable émotion. Vérification faite, malheureusement, tout était reconnu de fantaisie, et les députés, paraît-il, se trouvaient purs comme des enfants. Aussi, l'indignation fut grande, mais le bruit, en même temps, n'en fut que plus gros, et le journal lancé, avec le vent dans ses voiles. Il ne s'agissait plus que de le maintenir à flot, toujours avec les mêmes procédés, et Piégu, quelques semaines après—hein?—inaugurait une façon de roman-feuilleton qui bouleversait encore le public. Là aussi, c'était une littérature qui ne fait plus aujourd'hui retourner que les gens en retard, mais qui effara d'abord les lecteurs, et tous ces coups d'audace répétés, tous ces viols successifs exercés sur la clientèle, qui hurlait mais qui lisait, avaient fini par faire un sort à la maison. Le scandale grossissait toujours, mais le succès aussi, et le nombre des lecteurs. D'autres publications, d'ailleurs, des revues, des suppléments, des recueils hebdomadaires, se vendaient avec le journal, en activaient la vogue, et Piégu, triomphant, entassait bénéfices sur bénéfices, capitaux sur capitaux. L'entreprise, en deux et trois années, devenait une admirable entreprise, un puissant comptoir de journaux, et c'est, à l'heure qu'il est, un sénateur qui l'exploite!

L'une des publications de la maison était la *Vie populaire.* J'y avais quelquefois affaire, et Piégu, un jour, m'annonçait en me voyant :

— Dites donc, vous savez, je fais un grand journal du matin... Et je compte sur vous, hein ?... Je n'ai pas le temps en ce moment de vous en dire plus long, j'ai un monde fou à recevoir, mais je vous ferai signe... A bientôt... Hein ?...

Le soir même, en effet, j'apprenais qu'il avait acheté le *Télégraphe*, et, huit ou dix jours plus tard, je trouvais les bureaux pleins d'ouvriers, d'échelles, d'échafaudages, de cloisons crevées, de murs qu'on jetait par terre, de plâtras qui vous tombaient dessus. Au milieu des démolitions et des gravats, les rédacteurs allaient et venaient, d'un air dépaysé, sautant sur les lambourdes, cherchant où poser les pieds, et Piégu, à un étage, toujours correct et pommadé, le bas de son pantalon toujours irréprochablement plissé sur sa chaussure, donnait, avec de grands gestes, des indications et des ordres.

— Eh! bien, me disait-il un instant après en

rentrant dans son cabinet, ça marche... Hein?...

Et, prenant en même temps son crayon bleu, traçant des profils et des figures, comme pour une démonstration géométrique, il commençait à m'exposer son plan.

D'abord — hein? — il jetait par terre toute cette vieille et affreuse baraque, tous ces petits escaliers, toutes ces petites pièces, tous ces petits couloirs, et toutes ces vieilles saletés plus vieilles que Mathusalem! Pour une affaire nouvelle, il fallait une maison nouvelle! Il fallait une autre coquille pour un autre coquillage!... Donc — et tout en crayonnant il multipliait ses « hein ? », — d'abord un grand hall vitré, clair, vaste, allant du haut en bas du bâtiment... Puis, des balcons intérieurs circulant à tous les étages, et tous les bureaux donnant sur ces balcons, tous les services réunis sur le hall. Il les embrassait tous d'un coup d'œil... Maintenant, quant à la transformation même du *Télégraphe*, à la confection même du journal — hein ? — on allait aussi voir du nouveau... En tout et pour tout, d'abord, un seul article, une chronique, mais vivante, chaude, et d'une vie, d'un chaud... Ensuite, et uniquement, de l'information, encore de l'information, toujours de l'information, et rien que de l'information ! A la première page, de l'information ! A la seconde page, de l'information ! A la troisième page, de l'information !... Et rien de signé, pas même la chronique, pas même l'étude pittoresque ou littéraire ! De cette façon, on pourrait toujours avoir un article de qui on voudrait, un jour de Tartempion, et le lendemain de Victor-Hugo. Dès l'instant qu'on ne signerait rien, personne ne craindrait plus d'être compromis, et les ambassadeurs eux-mêmes, pourvu qu'on y mît le prix, n'auraient plus aucune raison de ne pas vous donner de copie !... Et tout cela n'était rien encore, ce n'était que les hors-d'œuvre, les broutilles, mais le *clou*, le vrai *clou* — hein ? — Eh ! bien, le *Télégraphe* allait vraiment devenir le *Télégraphe*... Oui, on allait avoir un véritable « fil spécial » ! D'autres journaux avaient bien l'air d'en avoir un, mais ce n'était qu'un attrape-nigauds, un « fil spécial » sur le papier, un « fil spécial » en manchettes, tandis qu'au *Télégraphe* il allait être réel, fonctionner sérieusement, et vraiment mettre le journal en communication directe avec toutes les capitales de l'Europe... Ah! dame, comme dépense — hein? — c'était une jolie dépense, mais quel journal, quel service d'informations! Rien qu'en mettant un fil télégraphique sur ses manchettes, et sans l'avoir autrement, le *Matin* avait déjà fait fortune! Qu'est-ce que ce serait pour la maison qui, en l'ayant sur son papier, l'aurait encore dans ses bureaux?...

— Et puis, me confiait-il, nous allons avoir la guerre. La Russie marche pour l'Inde, l'Angleterre entrera dans la danse, et une fois l'Angleterre de la partie, hein?... Tout le monde sera du cotillon... Et alors... Dites donc... Voyez-vous la guerre dans toute l'Europe, et le *Télégraphe* ayant seul un fil spécial... Hein?... Ah!... Vous savez, j'en suis, pour l'installation de mon fil, de six cent mille francs comme d'un sou, et si on s'avisait maintenant de me f... la paix!...

Six semaines plus tard, tout était terminé, transformé, changé de la cave au toit, et Piégu rayonnait dans ses bureaux neufs. Quand il apparaissait en bas, à la porte de son cabinet, sous le vitrage clair du hall, embrassant d'un regard tous les services, il jouissait d'une gloire énorme, et sentait encore s'augmenter son besoin d'énormité. Il faisait comparaître devant lui tous les reporters de Paris, convoquait tous les chroniqueurs, tous les journalistes, tous les spécialistes, tous les hommes politiques, et le prenait avec tous, même avec les plus qualifiés, comme avec des objets qu'on se fait envoyer en compte de chez le marchand, pour voir s'ils vous serviront, quitte à les lui retourner sans se gêner quand ils ne vous servent pas. Il donnait rendez-vous à des écrivains graves, à des savants classés, à des auteurs dramatiques à succès, et leur demandait, sans l'ombre d'une précaution, des reportages non signés sur leur spécialité. Eux n'étaient venus là qu'attirés par l'irrésistible mirage d'une réclame, et partaient tout estomaqués, blancs de rage, ou rouges comme des pivoines, littéralement sidérés par ce petit monsieur pommadé.

— Eh! bien, lui demandait-on, vous avez vu X... Z... Y...?

— Oui, mais ils ne veulent pas... Au fond, tous ces gaillards-là n'ont rien dans le ventre!

— Mais, essayait-on de lui objecter, tous ces gens-là ont des noms, ou se figurent en avoir un, et vous leur faites demander des entrevues, ou vous les faites même venir, pour leur proposer de ne pas signer leurs articles!

Mais il se contentait de ricaner, tortillait sa moustache, et disait simplement, à chaque refus nouveau :

— Encore un qui n'a rien dans le ventre!

Il payait, d'ailleurs, avec ostentation, comme avec forfanterie. On lui apportait une chronique, un reportage, un écho, n'importe quoi? Il saisissait le crayon bleu, griffonnait un hiéroglyphe sur un feuillet, et vous envoyait royalement à la caisse.

— Tâchez de « faire chaud », vous disait-il

seulement en vous remettant le feuillet... Faites chaud, faites chaud... Hein ?..

Et on « faisait chaud »... « Faire chaud », pour lui, était ce que « faire grand » était pour d'autres, et une activité intense, une véritable fièvre, remuait la maison du haut en bas. Dès quatre heures, tous les jours, tous les gens qui cherchaient à entrer au journal, ou tous ceux qu'on y attirait, commençaient à stationner dans le hall, sur les banquettes, devant le bureau directorial. Romanciers, inventeurs, bohêmes, chansonniers, fabricants de spécialités, traîneurs de savates, professeurs sans élèves, journalistes sans journaux, gens distingués priés de venir, solliciteurs portant beau, se confondaient dans un ensemble où attendaient, sans se connaître, les uns à côté des autres, les figures les plus bourgeoises et les physionomies les plus énigmatiques, quelquefois même les plus patibulaires. Toutes les trois ou quatre minutes, la porte du bureau s'ouvrait, et un visiteur en sortait, généralement mécontent. Puis, pommadé, coquet, « tiré à quatre épingles », Piégu indiquait son cabinet à un autre visiteur qui, invariablement, pénétrait en saluant très bas, mais ne ressortait pas toujours de même. Rédacteurs, employés, compositeurs, passaient en même temps d'une pièce à l'autre, allaient et venaient sur les balcons. Une petite troupe de chroniqueurs, engagés dès le début, fournissaient régulièrement la chronique de tête, toujours « chaude », bien entendu, et je vois encore là, « faisant chaud », Henry Lavedan, Céard, Maizeroy, Ginisty, beaucoup d'autres. Pressés, soufflant, s'épongeant, les reporters arrivaient avec leurs reportages, et je m'en rappelle même un apportant l'affaire Marchandon, dans tous ses plus menus détails, le lendemain même du crime, avant que la police en eût su mot! Comment avait-il pu savoir ce que ne savait pas la police? D'où, de qui, le tenait-il? Mystère. Mais lui aussi, à sa façon, il avait trouvé moyen de « faire chaud »…. Et les machines, à toute heure, roulaient dans les ateliers, les typographes circulaient avec les épreuves, les paquets de copie, les textes des reproductions, couraient dans leurs blouses blanches, montaient, redescendaient, pendant que, de leur côté, installés aux claviers « du véritable fil », pianotaient les télégraphistes.

On ne voyait pas bien, cependant, en lisant le journal, l'intérêt pratique de ce « véritable fil », ni ce que les dépêches « spéciales » ajoutaient de palpitant à celles des autres journaux, mais enfin on avait un « véritable fil », un « fil vraiment spécial », et dont les multitudes de télégrammes, s'ils étaient insipides, l'étaient au moins spécialement. Tous les jours, une chronique de tête, *chaude;* ensuite, et de la première ligne à la dernière, des avalanches de reportage, des torrents de télégrammes, pas une signature, et des titres formant toutes sortes de figures géométriques, depuis la pyramide ordinaire jusqu'à la pyramide renversée, en passant par le lozange et le pignon en escalier... C'était là, paraît-il, le journal rêvé, et Piégu était heureux, rayonnant! Malgré tout, néanmoins, on « tirait » peu, et les tirages en restaient même à des chiffres ridicules. Comment, avec d'aussi gros efforts, n'arrivait-on qu'à d'aussi petits résultats? Comment le fameux « fil spécial », avec tout ce qu'il annonçait d'avantages, n'aboutissait-il qu'à des mécomptes? En fait, et par le plus singulier des phénomènes, ce qui contribuait le plus, précisément, à « tuer la vente », c'était le « fil spécial » lui-même! Le public demande surtout de l'illusion, et le « fil » illusoire suffisait amplement à ses besoins. Or, le « fil » illusoire ne coûte rien, n'impose aucune servitude, tandis que notre véritable fil à nous, notre fil qui jouait vraiment, coûtait d'abord les yeux de la tête, et occasionnait, ensuite, de tels tracas, de telles difficultés, de tels retards, que, le journal, quelquefois, ne paraissait qu'à midi. Il était la seule feuille vraiment télégraphique de Paris, et se trouvait, par cela même, la seule qui ne la parût plus. La presse, comme le théâtre, n'est peut-être qu'un mensonge, et le même mensonge que le théâtre.

— Eh! bien, demandait-on quelquefois à Piégu, vend-t-on?.. Ça marche-t-il?...

— Non, vous répondait-il, ça ne va pas, mais ça ne fait rien... L'important, voyez-vous, ce n'est pas de réussir, mais d'avoir l'instrument avec lequel, le moment venu, la réussite ne peut pas vous échapper... Eh! bien, l'instrument, je l'ai, et je n'attends plus que les événements! Mais laissez-les se produire, — hein ? — et vous verrez... La guerre, je vous le répète, la guerre, la guerre, il me faut la guerre! Laissez la guerre se déclarer, laissez l'Orient se mettre en feu, supposez moi seulement vingt mille hommes sur le carreau, et vous irez voir en bas si j'ai des « bouillons »!.. Un journal, c'est un affût... Et tout ce qui passe?.. Pan !.. J'ai le fusil, je ne demande que ça, et au premier événement... Et puis, les événements, les événements... On les fait, les événements !..

Et, pour « faire les événements, » en attendant la guerre et les « vingt mille hommes sur le carreau », le *Télégraphe*, un matin, publiait, en effet, à titre de document, quelques relevés de livres de comptes pris chez quelques grands couturiers. Nommées en toutes lettres, une quarantaine ou une cinquantaine de dames figuraient ainsi sur une liste où se trouvaient révélées, dans tout leur détail intime, leurs dettes, leurs dépenses, leurs prodigalités et leurs débauches de toilettes! Les maris et le public apprenaient tout à coup, par la gazette, que Mme X... ne payait pas ses robes, quoi qu'elle fût à même de les payer, mais que Mme Y... et Mme Z..., en revanche, payaient régulièrement les leurs, quoi qu'elles n'y fussent pas! C'était le plus abominable coup de puffisme qu'aucune feuille eût encore jamais osé, et il y avait le soir même, dans Paris, une quinzaine de drames conjugaux. On ne voyait plus aussi, pendant huit jours, sur les banquettes du hall, à l'heure des audiences directoriales, que des visages consternés de femmes et de maris, et dans la rue, sur le trottoir, des messieurs congestionnés, l'œil froid, avec des cannes, qui rôdaient en bas devant la porte... Mais Piégu posait en axiome qu'on ne devait jamais penser à ce qu'on avait fait, pour songer uniquement à ce qu'on avait à faire, et ne songeait déjà plus lui-même qu'aux moyens de brouiller entre elles les nations de l'Europe comme il avait brouillé les femmes et les maris. La guerre! Il rêvait de plus en plus la guerre, en était même arrivé à s'imaginer qu'il la déchaînerait en y poussant, et publiait des dépêches terribles. Le « fil spécial » devenait effrayant, et l'Orient, tous les matins, s'embrasait invariablement dans nos colonnes. Mais tout ce *bluffage*, malgré tout, ne troublait personne, et n'excitait même pas de curiosité.

— Mais enfin, lui disais-je, tant nos dépêches, à force d'être « tendancieuses », finissaient par devenir follement imaginaires, vous avez bien vraiment un « fil »?

— Hein?... Comment, si j'ai bien vraiment un « fil »?... Mais parfaitement!

— Avec toutes les capitales de l'Europe?

— Mais parfaitement!

— Mais qui avez-vous au bout de votre « fil »?

— Qui j'ai au bout de mon fil?

— Oui... Qui est-ce qui vous adresse vos dépêches?

— Mais des employés!

— De simples employés?... Alors, vous n'avez pas, dans les capitales, quelqu'un de particulièrement bien placé, par sa situation personnelle, pour vous envoyer des informations qui ne soient pas seulement sensationnelles, mais sérieuses?

— Et à quoi bon?

— Comment, à quoi bon?... Mais j'aimerais mieux, à votre place, en admettant que ce fût possible, payer cinq cent mille francs pour avoir des dépêches de l'ambassadeur lui-même, et les recevoir par le « fil » de tout le monde, que de payer la même somme pour avoir mon « fil » à moi, et de n'avoir au bout qu'un portier!

Il se mettait alors à rire, me tapait sur l'épaule, et me répondait simplement par ce mot, qui était peut-être profond :

— Non, pas dans un journal!

Malgré tout, cependant, et quoi qu'on inventât, le journal se maintenait dans les ventes modestes. Tous les lancements échouaient, et Piégu avait beau vouloir « faire les événements », les événements ne se laissaient pas

« faire », quand un véritable événement survint. Victor Hugo mourut, et on ne peut avoir une idée de la colossale cuisine d'informations qui bouleverse, à certains moments, la presse du monde entier, qu'à la condition d'y avoir été mêlé, d'avoir senti soi-même la chaleur des fourneaux. Tout ce qui est enthousiasme ou douleur sincère pour la foule tourne assez fréquemment, dans les journaux, en une odieuse course au reportage. Toutes sortes de questions de métier, de place, de format, de mise en page, d'heure de vente, de poids du papier, se mêlent forcément à l'émotion, et les plus grandes détresses comme les plus grandes joies publiques se transforment ainsi, souvent, chez ceux qui en dressent la chronique, en d'extraordinaires pantalonnades professionnelles. Supposez-vous à un téléphone où vous arriverait tout ce qui s'échange d'ordres et de colloques, un soir de catastrophe, dans toutes les salles de rédaction, et vous ne sauriez pas, à la lettre, s'il faudrait en pleurer de rire ou de chagrin.

Dès que Victor Hugo entra en agonie, un véritable branle-bas commença donc à secouer tout ce qu'il y avait de feuilles. Les funérailles s'annonçaient comme les plus grandioses du siècle, et le Panthéon même semblait trop petit. On rêvait quelque chose comme entre les obsèques de Voltaire et le Retour des Cendres, et Piégu, pour ce formidable deuil, conçut immédiatement l'idée d'un formidable « numéro », d'un compte-rendu d'enterrement comme on n'en aurait encore jamais vu. La mode littéraire du jour était à l'*impressionnisme*. On ne procédait plus que par « impressions », par phrases courtes, réduites aux mots qui portaient sur les nerfs, et où l'on supprimait tout le reste, pour le remplacer par des points. C'était le snobisme de la minute, et Piégu n'hésita pas. Tout de suite, il décida de publier, pour le compte-rendu de la cérémonie, tout un numéro « d'impressions », et d'impressions « burinées ». Impressions « burinées » sur la famille, sur le cortège, sur la population, impressions « burinées » sur tout ! Il devait y avoir ainsi dix-huit colonnes de littérature « burinée ».

— Et vous, me demanda-t-il, la veille des funérailles, qu'allez-vous faire?...

— Ma foi, lui répondis-je, écoutez, j'ai beaucoup connu Victor Hugo, je l'aimais beaucoup, et je ne me sens pas en train de burinage.

— Alors, voulez-vous faire des souvenirs, une appréciation générale?

— Oui, plutôt.

— Eh! bien, faites tout de suite. On va vous mettre dans un bureau, on vous y laissera tranquille, et on pourra même, si vous le voulez, vous y faire monter à dîner.

Un garçon me conduisit alors aux petits bureaux qui donnaient sur les balcons, mais ils étaient déjà presque tous occupés. Enfin, on en trouva un libre, je m'y installai, et Piégu, toute la soirée, vint nous voir tous dans nos cellules pour nous y surexciter.

— Vous « faites chaud »? vous disait-il en ouvrant la porte.

Et on l'entendait, tout du long :

— Chaud, n'est-ce pas, chaud?...

Ou encore :

— Burinez, burinez, burinez...

Les funérailles, le lendemain, se déroulèrent dans Paris, et l'on eût dit, à voir la population, un océan à la fois remué et recueilli. Tout le parcours était noir de têtes, et la foule, quand on levait les yeux, fourmillait encore sur le ciel. On la retrouvait jusque sur les maisons, où tous les toits étaient garnis et combles, comme les gradins d'un effrayant théâtre...

Nos bureaux, la nuit suivante, ressemblèrent moins à un journal qu'à une usine, et le matin, enfin, au petit jour, le fameux numéro parut, et pouvait, en effet, rester fameux. On a connu, en peinture, la folie appelée le « pointillisme », où tout était peint par des mouchetis, comme par des pains à cacheter et des confettis. Imaginez le « pointillisme » du reportage, et vous aviez exactement notre numéro ! C'était assurément nouveau, même inouï, et, ce jour-là, justement, par des miracles de célérité, le journal paraissait au moins trente minutes avant tous les autres... Mais voyez toujours la malchance, et expliquez-la, si vous pouvez... On ne vendait pas, en tout, cent cinquante numéros de plus!

Le soir, entre onze heures et minuit, je vins, comme d'habitude, prendre l'air du journal, et je trouvai Piégu guilleret, heureux, l'esprit comme libéré. Ce n'était même pas Piégu vaincu, c'était Piégu victorieux.

— Eh! bien...

Mais il m'interrompait tout de suite.

— Oui, me disait-il, oui, il y a des coups qui manquent... Tenez, asseyez-vous, nous allons bavarder...

Sur quoi roula le bavardage?... Je ne me le rappelle plus guère, mais il dura bien une bonne heure... Et Piégu parlait de tout, avec repos, bonne humeur. Tout le journal lui-même avait comme on ne sait quoi de moins surmené, de plus libre qu'à l'ordinaire. On y entendait moins de bruit, on y sentait moins de fièvre, et les machines y trépidaient comme dans une maison plus vide. Leur ronflement de laminoir vibrait dans un silence relatif, et je demandai, à un moment, ce que devait contenir le numéro du lendemain, quand Piégu me répondit gaîment :

— Le numéro de demain ?... Il est bien simple, il n'y en a pas !... Le *Télégraphe* ne paraît plus... Il y a des circonstances où il faut savoir *couper*... Et je *coupe*...

En même temps, sur une table, il prenait le dernier numéro paru, le fameux numéro de la veille, le numéro *pointilliste*, et, le déployant sur son bureau :

— Ah ! ah !.. Il était bien, cependant, ce numéro-là... Hein ?... Tenez, tous ces titres... C'était bon, ça... Hein ?.. Et ça aussi... Très bon !... Très bon !..

Puis, il se rembrunissait tout à coup, et, tapant sur le numéro :

— Et, cependant, tenez, il manquait encore quelque chose... *Nous n'avions personne sur les toits !...*

Je ne le revis plus, et le souvenir de cet homme singulier—prodigieusement énergique, et qui avait fait un mal énorme tout en n'étant pas mauvais — me revenait souvent à l'esprit, quand je lisais un matin dans les journaux : *Mort de Paul Piégu*...

C'était bien lui, et certains détails donnés, d'autres que j'apprenais d'ailleurs, étaient on ne peut plus étranges. Il appartenait à la famille de deux riches médecins aliénistes, directeurs d'une maison de fous, n'avait jamais eu comme domestiques que des pensionnaires de l'hospice, des fous spécialement choisis pour lui, et il était mort, fou lui-même, dans l'asile de fous de ses parents.

Une conclusion pratique, un enseignement immédiat, doivent-ils se tirer, à la fin de ces souvenirs, de l'état où nous voyons aujourd'hui la presse, et où l'ont menée vingt-cinq années dépravantes de démocratie maçonnique ?

Certes !

Et nous ne sommes même pas libres, il ne nous est même pas plus ou moins loisible de les en tirer ou de ne pas les en tirer. Ils s'imposent !

C'est aux amis mêmes de la presse, à ses membres, à ses enfants, à corriger, à avertir la presse, à la réformer s ils le peuvent, et ses deux vices, à cette heure, sont d'être une presse d'argent et une presse de licence. Elle sait encore, à l'occasion, retrouver sa dignité et son indépendance quand il le faut, mais ne les a déjà plus toujours, ni en tout. Qu'elle prenne garde d'en venir au point où elle ne serait plus jamais à même de les conserver en rien?

FIN

TABLE DES MATIÈRES

Premiers souvenirs	4
« L'Homme libre »	16
Femme de journaliste	35
Rochefort	43
Pelleport	55
Un général de salle de rédaction	64
C'était un Feuillant !	70
Notre Anatole national	83
Le café du journal	89
Le « Gil Blas » des familles	95
« La Revanche »	105
L'Homme s'agite	113
Portalis	139
Député-Journaliste	147
Ame d'ivrogne	152
Scholl	160
Un enfant de la Balle	175
Autres fêtes	186
La presse mène à tout	205
Mon cher confrère	220
Police et journalisme	231
Un journal honnête	255
Piégu	263

A LA MÊME LIBRAIRIE :

Chateaubriand et Madame de Custine. Épisodes et correspondance inédite, par E. Grédieu de Roberton. In-18. 3 fr. 50

Un Homme de lettres. Paul Féval, par A. Delaigue. Un vol. in-18. Prix . . . . 3 fr. 50

Théophile Gautier. Souvenirs intimes, par Feydeau. Un vol. in-18. Eau-forte de Rajon. Prix . . . . 3 fr. 50

Essais sur Balzac, par Paul Flat. Un vol. in-18. Prix. 3 fr. 50

Seconds Essais sur Balzac, par Paul Flat. Un vol. in-18. Prix . . . . 3 fr. 50

Le Roman en France pendant le XIXᵉ siècle, par Eugène Gilbert. 3ᵉ édition, revue et corrigée. Un vol. in-18. 3 fr. 50

Berryer. Souvenirs intimes, par Mme la vicomtesse A. de Janzé, née Choiseul. 3ᵉ édition. Un vol. in-18. Prix. . . . 3 fr. 50

Études et récits sur Alfred de Musset, par Mme la vicomtesse A. de Janzé. 2ᵉ édition. Un vol. in-18, avec fac-similé de deux dessins d'Alfred de Musset. Prix . . . . 3 fr. 50

Souvenirs d'un maire de village, par C. Lenoux-Cesbron. Préface de René Bazin. Un vol. in-18. Prix . . . . . 3 fr. 50

Portraits et souvenirs littéraires, par Hippolyte Lucas, avec des lettres inédites d'écrivains contemporains : Chateaubriand, Mlle Mars, Gérard de Nerval, Charles Lassailly, Chaudesaigues, Victor Hugo, Rossini, Daniel Manin, Auguste Brizeux, Évariste Boulay-Paty, Élisa Mercœur, Mlle Péan de La Roche-Jagu, Vivier, l'empereur du Brésil. Un vol. in-18. Prix . . . . 3 fr. 50

Un Salon à Paris. Madame Mohl et ses intimes, par O'Meara. Un vol. in-18. Prix . . . . 3 fr. 50

De Dante à Verlaine. (Études d'idéalistes et mystiques.) Dante — Spencer — Bunyan — Shelley — Huysmans — Verlaine, par J. Pacheu, S. J. Un vol. in-18. Prix . . . . 3 fr. 50

Études et portraits littéraires. Taine, Barbey d'Aurevilly, Guy de Maupassant, Pierre Loti, E. et J. de Goncourt, E. Lintilhac, Ollé-Laprune, Mme Séverine, Ch. Vincent, le Père Ollivier, Waldeck-Rousseau, Jules Tellier, Amiel, par Michel Salomon. Un vol. in-18. Prix . . . . 3 fr. 50

Le Roman russe, par le vicomte E. M. de Vogüé, de l'Académie française. 4ᵉ édition. Un vol. in-18. Prix . . . . . . 3 fr. 50

PARIS TYP. PLON-NOURRIT ET Cⁱᵉ, 8, RUE GARANCIÈRE. — 1186

www.ingramcontent.com/pod-product-compliance
Lightning Source LLC
Chambersburg PA
CBHW070742170426
43200CB00007B/616